図書館からのメッセージ
@
Dr.ルイスの“本”のひととき

内野安彦

はじめに

「Dr.ルイスの〝本〟のひととき」というコミュニティラジオ番組のパーソナリティを務めて5年が過ぎました。冒頭にいきなりこう書いたところで、「あ〜、あの番組ね」と相槌を打たれる方は日本で1万人に一人いるかいないかかもしれません。でも、例えそのくらいでも国内に千人のリスナーがいると思えば、パーソナリティとしては力強いもの。しかも図書館界という小さな世界に限って言えば、自慢するようで恐縮ですが、ちょっとは知られた番組なのです。

とはいえ、番組開始早々は大変でした。「私のラジオ番組に出ていただけませんか」と、私が講師を務める研修会場で初めて会った方にお願いしても、危なさそうなおっさんの誘いと感じたのか、「後で連絡します」のまま、なしのつぶてということも何度かありました。ところが今では「私のような者が出させていただいて構わないのでしょうか」とか「やっと出演の機会が巡ってきて本当に嬉しいです」なんていうリアクションもときおりいただく番組に成長しました。

　この番組の「売り」は何と言っても毎回出演いただくゲストとのトーク。基本的に図書館をテーマにした番組（とは言っても、ご当地のグルメ番組色も濃い）なので、ゲストも大半は図書館関係者。なかでも館種で言えば一番多いのが公共図書館に勤める皆さんです。これは、私が元公共図書館員であったことから仕方のないことかもしれません。珍しいところでは、地方議会議員、編集者、図書館ボランティアの方々にも出演いただいています。２０１７年9月18日時点でその数は延べ２８２人、２回以上出ていただいている方もいるので、実数で言うと２４０人となります。となれば、先述した千人のリスナーが全国にいると言ってもあながち間違いではないでしょう。ちなみに、ラジオとは言ってもインターネットで聴けるので世界同時配信のメディアでもあるのです。

　私は22歳から33年間勤めてきた市役所（鹿嶋市と塩尻市）を55歳で辞めてフリーランスになりました。幸いに14年間の「図書館の現場」での経験と、図書館情報学修士という学位があったからでしょうか、退職後は主に公共図書館が主催する図書館員を対象とした研修会の講師や、大学の非常勤講師（司書科目担当）などの仕事をいただき現在に至っています。

研修講師や大学の非常勤講師という仕事は、私が専門とする図書館の世界では、就活して得られるものではありません。というか就活のしようがないといった方が正しいかもしれません。では就活もせずに、暇を弄ばない程度にどうやって仕事にありつけたのかと言えば、拙著『だから図書館めぐりはやめられない』（ほおずき書籍）のおかげ、と断言できます。

実はこの本がきっかけとなって、当時、知人がエフエムかしまでパーソナリティを務めていた番組のゲストに２回続けて呼ばれ、この時のトーク内容にラジオ局が関心を持たれたことが後の私の定期番組へと繋がっていったのです。

エフエムかしまの私の番組の誕生秘話や、番組が紡いだ人の縁などは『ラジオと地域と図書館と』（ほおずき書籍）にたっぷり書きましたので、本書では重複を避けます。

本書は、私のラジオ番組をネタにした２作目です。１作で飽き足らず２作もラジオで食べようなんて不謹慎な、とお叱りを受けそうですが、このラジオネタは本書の厚さだと５冊は余裕で書けるほど、美味しい素材がたくさんあるのです。とにかくゲストの話が新鮮かつ熱いのです。鮮度が「売り」なら、それを１回きり（正確には再放送を含む２回）の放送で終わらせるのはもったいない。ずっと鮮度を保つ真空パックにして、いつでも読めるようにしておきたいという思いでつくったのがこの本です。

とはいえ、ゲストが番組で喋った言葉だけ並べても工夫が足りないので、私がその言葉から ストーリーを紡いでゆくといったコンセプトとしました。それは、思い出を語ったり、夢を語ったり、課題を読み解いてみたりしました。ゲストの語る味わい深いトークはそれだけでも十分にいけるのですが、少し説明を加えることで、より読者に届くようにしました。

なお、そもそも、ゲストが番組で喋ったことを、活字にしようなどとは、つゆほども思っていませんでした。私もそうでしたが、この番組が1年も続くとはラジオ局のスタッフも思っていなかったのではないでしょうか。

本書を書くために音源をあらためて聴くと、番組のパートナーである御茶《みさ》ちゃんの「リスナーの皆さんに伝えたいことはなんですか」とのゲストへの問いに、同胞である図書館員へのメッセージを語る人もいれば、近々行われる図書館のイベントやまちのPRをする人など、素敵な言葉やお得な情報をいただきました。

番組内で紹介する楽曲も番組の「売り」でもあり、私のこだわりでもあるのですが、いかんせん、著作権的にアーカイブスを残すことは困難。そのため、音声の再生が難しければ、活字として残そうと思い立ったのです。もっとも、全て反訳すると膨大なものとなります。全てのゲストの声を収載できたわけではなく、収載できた人であっても、話された内容の十分の一から五分の一程度にすぎません。

図書館サービスを一人でも多くの方に利用していただきたい、というのは全ての図書館員の願いだと思います。私自身、現場を離れてみて、現場でしかできないことの多さをあらためて痛感しています。今の私の立場でできることの一つは、それはラジオを通じて、図書館関係者の声を全国に届けることだと思っています。

幸いに、この声を活字に編む機会を郵研社からいただきました。ゲストの熱い思いを今度は活字として読者に届けられることを番組のパーソナリティとして嬉しく思っています。勿論、収載者には全員了解を得ています。

なお、肩書きは出演時の肩書きで、現在のものと異なる方がいらっしゃることをご承知おきください。

イラスト　三浦なつみ

〈目次〉

II　ヘビーリスナーの楽しみ方　165

Ⅲ　Dr.ルイスの〝本〟のひととき　今週の一冊紙上版　185

Ⅰ　ゲストのトークと図書館の魅力

図書館と地域産業の魅せ方

大久保 志津香
（岐阜市立図書館）2013.6.17 放送

岐阜市は昔から繊維のまちでして、国内外のファッション雑誌や資料を揃えたファッションライブラリーもあります。地域の短大や専門学校とか高校とも連携して、毎月、講座を行って、年に数回、ファッションショーも開催しています。

ショーはファッションライブラリーの通路を使ったりしまして、そこに赤いジュータンが敷かれるんですけれども、そこをステージにみたてて行っています。モデルはその時その時で違うんですけれども、生徒さん自身がモデルになって赤いジュータンを歩いていらっしゃいます。

岐阜市のホームページによると、戦争で焼け野原となった国鉄岐阜駅前（現・ＪＲ岐阜駅）に、北満州（今の中国東北部）からの引き揚げ者たちが中心となってバラック小屋を作り、古着や軍服などの衣料を集めて販売。これがハルピン街と呼ばれ、岐阜問屋街の始まりとなったとのこと。1949（昭和24）年頃になると、岐阜の既製服は日本中に知られるようになり、現在のJR岐阜駅のまわりには市場や共同販売所が出来て、一条通りをはじめ西問屋町、中央通りなど問屋町の建設が進められたようです。ちなみに、ファッションライブラリーは、JR岐阜駅東高架下ハートフルスクエアーG1にある岐阜市立図書館分館の廊下を挟んだ向かいの部屋にあります。

ラジオの出演者には、勤務されるまちの産業を必ず尋ねます。図書館員ってすごいなって思うのは、市役所の商工観光課の職員ばかりにスラスラとまちの主要産業を喋れる方が少なくないのです。まちの職員なら当たり前と思われる読者も多いかと思いますが、これって意外とそうではありません。では、どうして図書館員は地域情報に詳しいのかというと理由は二つあります。

一つは、産業、観光、歴史など地域に関する資料を集めることは図書館の大切な仕事であること。そしてもう一つは、図書館は本庁が休みの土日に開館していることから、ビジターセンター的な役割があるからです。となれば、図書館員は地域資料に通暁するのはもとより、積極的なPRマンであることも求められるのです。講師を数回務めたことのある日本図書館協会の中堅職員ステップアップ研修Ⅱの受講者の中に、市の観光名所や祭事の写真が印刷された5種類の名刺を持って来られた方がいました。

大半の地方自治体では、人口規模、歴史、産業、文化等、さまざまな共通点や市民の交流等をきっかけにして、国内外に姉妹都市・友好都市を提携しています。ところが、この姉妹都市・友好都市を図書館で積極的にPRしているかというと、そうでもない感じがします。仮にそういうコーナーがあったにしても、置いてある連携先の情報誌・紙が古いものであったり、状態が良くなかったりすることが少なくありません。

塩尻市の図書館では新館の開館に当たり、特設コーナーを設けることを図書館スタッフと協議し、アメリカ合衆国のミシャワカ市から塩尻市に贈られた友好の証のプレゼントの一部を市長室から図書館に移し、広く市民への周知を図りました。老若男女が訪れる図書館という「場」のアドバンテージをこうして活かすことは、庁内における図書館の認知度を高めることに繋がることになると思います。

姉妹・友好都市絡みで提案したいことがあります。産業、歴史、文化、植生など、遠隔の地であっても共通するものを持っている自治体は枚挙に暇がありません。しかし、例えばそのまちの産業を地域資料等で周知していても、全国に数多ある同じようなまちを紹介している図書館にはなかなか出会えません。漆器産業が盛んなまちならば、全国の漆器のまちのマップを掲示するなど、いろんな試みができるのではないでしょうか。

図書館のすぐそばに、郷土の歴史等を学べる資料館が設けられているまちは少なくありません。私は理想的なロケーションだと思います。というか、できれば図書館内で、資料に書かれた事柄が文字から飛び出して「もの」として至近なところに展示されていればなおさら良いと思います。２０１７年3月19日に開館した福岡県の福智町図書館・歴史資料館「ふくちのち」はそういったコンセプトで設計・建設されました。開館して約2ヵ月後に講演会の講師として訪ねましたが、本当にワクワクする素敵な施設でした。

利用者をワクワクさせる仕掛けをもっと図書館員はもっと大胆に資料と結び付けてほしいと思います。

人生は旅だ。図書館にはその羅針盤がある

津田　恵子
（元山陽小野田市立図書館長） 2014.3.24 放送

図書館長として力を入れてきたことは、当たり前のことなんですが、市民の役に立つ図書館づくり、それは何なのかということはこの言葉に表されていると思います。「人生は旅だ。図書館にはその羅針盤がある」、山陽小野田市の図書館の利用者でもあった書家の方との出会いで、以前、新図書館開館の時に図書館に贈られた書なんですが、今も図書館の事務室の応接セットの壁にかかっている、こんな素敵な言葉が書かれた書を再び折書に書いて、私の退職の折、お祝いにいただきました。この言葉って図書館の役割を示していると思うんですね。この言葉も図書館で出会った本に触発されて生まれたと聞いています。図書館が、市民の羅針盤になるためには、様々な情報を公平に利用者にサービスしていく役割が私たちライブラリアンにはある訳で、こういっ

た図書館が全国各地で無料の貸本屋ではなく増えていくことが必要ではないかと思っています。

住民の税金がどのように使われているかっていうのは、なかなか住民の皆さんには見えにくいのではないかと思うんですよ。それをきちんと明らかにして、行政の情報や行政資料を収集・提供し開示していく場が公共図書館ではないかと思っています。

図書館では、住民の税金でたくさんの本を買わせていただいて提供していく訳なんですが、「納品が早い」というだけで東京に本社があり地元に店舗を持たない企業から本を購入して、地元の本屋さんで買わなくなってしまっている図書館が全国に何と多いことか。地元の本屋さんが潰れてしまったら、一番困るのは住民の方たちなんですね。都市部に住む方にはわからないかもしれませんが、地方では、書店が潰れて1軒もないところが増えています。子どもやお年寄りはまちの本屋さんがあってこそ、身近に本という文化に知に触れることができるんです。知に触れる場所は図書館だけではない。まちの本屋さんと図書館がまちの文化を支えるクルマの両輪だと思っています。

図書館を訪ねる旅の楽しみの一つに、箴言《しんげん》との出会いがあります。図書館は言葉の森ですが、その言葉は閉じられた本の中にあります。その森で一条《ひとすじ》の光となる珠玉の言葉や文章に出会うのがなによりの楽しみ。でも、言葉の森でいつでも出会いがあるとは限りません。時には言葉に迎えてほしいものです。目の前に突然現れる言葉に救われたり学んだりするのも図書館ならではの「未知との遭遇」の楽しみ。それは、図書館の壁に貼られていたポスターのコピーであったり、さらにはパネル展示された郷土の偉人の名言であったりと、出迎えの方法はさまざま。図書館に足を踏み入れたからといって必ず会えるとは限りませんので、これも縁かもしれません。

そんな素晴らしい縁があったのが、講師として呼ばれて訪ねた福島県南相馬市立中央図書館の郷土資料のコーナーでした。

未知の若い友人へ

若松丈太郎

ひとはうまれるまえ
臍帯《さいたい》で母親の血とつながって
はじめてひとになることができる

ひとはうまれてからも
さまざまな臍帯とつながって
あたらしいひとになることができる
図書館は臍帯だ
さまざまなひとびとの知とつながって
ひとはあたらしいいのちを得る
きみが手にとることを待っている
書架に置かれた一冊の本が
手にした一冊の本が
きみをあたらしいひとに変えることがある

この言葉は、大学の授業でも紹介したことがあります。図書館に行くときは本を借りに行く以外に何か明確な目的を持って行くよう学生に教えています。例えば、障害者にとって優しい設計になっているか、子どもの安全はしっかりと図られているか、照明はしっかり書架の隅々に届いているかなど、目的を持たないと、こういったことはなかなか気づかないものです。頻繁に使っている図書館のトイレの壁の色は何色ですかとか、どんな図柄が描かれていますかと聞かれたら、あなたは正確に答えられますか。

掲示物でも展示物でも、目的を持って図書館に行かなければ、せっかくの図書館員の心づくしに気づきません。今日は何かを見つけるぞという目的を持って図書館に行くと、図書館めぐりは数倍楽しくなります。

授業でパスファインダーの話をしたときに、これから10分余の間に大学図書館に行ってパスファインダーを持ってくるよう指示したことがあります。私は事前に大学図書館のどこにパスファインダーがあるかを確認していましたので、学生に「見たことがありますか」と聞いたところ、誰ひとり見た者はいませんでした。決して見つけにくいところにあるわけではありません。要は初めから、目的意識を持って図書館に行かない限り、視界には入っているのに、AIDMAの法則でいうところの、Attention（注意）すらされないのです。

図書館を訪ねると、ものすごい数のフライヤーが所狭しと並べられているところがあります。図書館に届いた情報を最大限、利用者に届けようとするのはわかりますが、あまりに情報が溢れていると、情報は見つけにくく、それ以前に食傷気味になり、近づくことをためらうことになりかねません。提供の仕方の工夫が必要だと感じる図書館は少なくありません。

「ツナガル」ことを大切に

豊山　希巳江
（山武市さんぶの森図書館） 2014.3.31 放送

司書としてこうありたいと、自分の中でテーマを決めているんですけれども、「ツナガル」ということをテーマに仕事をさせていただいています。それは本と人が「ツナガル」ということから始まるのですが、最終的には人と人が「ツナガ」って何かもっと大きな楽しいワクワクが出来るんじゃないかという思いで日頃から仕事をするように心がけています。

猪谷千香さんの『つながる図書館』（ちくま新書）が出たのが２０１４年１月。この本が出て以来、「つながる」という表現が以前に増して図書館界で使われるようなったのは気のせいでしょうか。猪谷さんは「つながる」。豊山さんは「ツナガル」と表記（ラジオは音声なので、反訳にあたり本人に確認)。私は著作では「繋がる」と漢字で表記します。この使い方の違いに深く突っ込むつもりはありませんが、私は「繋」が「いとへん」であることに拘《こだわ》りがあって、「縁」「絵」「継」「続」「編む」といった漢字・言葉の意味から、「いとへん」の漢字がとても図書館的で好きなのです。

この「ツナガル」ことに関して、図書館員と本庁職員を比較すると、あくまで私の主観でしかありませんが、図書館員に軍配が上がるような気がします。中にはそのまちの正規職員以上に活発に外に出て学び、活動する非正規職員がいます。

しかし、私が少し気になるのが、他館種、他地域の図書館員とは積極的に交流するのですが、一番身近な同じ役所の他部署の職員や、在住または在勤の「地域」との交流に消極的な人が多いということです。いつも同じメンバーが全国の研修会場で集まっているといった印象が拭えません。何かを改革・改善したければ、理解し協力してくれる外部の方の力が絶対に必要です。小さな世界で堂々巡りの議論を繰り返しているように感じてならないのです。その点、豊山さんの「ツナガル」相手を伺うと、図書館員に限らず積極的に異業種の方も対象にしているようです。

図書館員はステークスホルダーへのプロモーションがあまり得意には見えません。地元の市区町村議会の議員が図書館に来ているのを、どれだけ気づかずにいるでしょうか。本庁であれば、これはあり得ないことです。

鹿嶋市役所を退職して10年余が経ちますが、所用で役所に行ったときに、元同僚から挨拶されるのは本当に嬉しいものです。現職の議員が仮に図書館に1時間いたとして、職員の誰からも挨拶されないとしたら、積極的に図書館を応援しようと思うでしょうか。

カウンターにいる職員は委託業者なのでとか、大半が非正規職員なので、といったことは理由にならないと思います。

図書館とボランティア

黒田　ところ
（中津川市立図書館ボランティア図書館くらぶ）2014.5.19 放送

特徴的なボランティア活動として、まず大工さんボランティアがあります。これは、岐阜県で国体が2012年にありましたけれど、その時のレスリング会場に使った廃材を図書館の備品として全部手作りしております。窓際のカウンターとか、センターテーブルとか、児童コーナーの読み聞かせのテーブルとか、どんどん展開しています。

もう一つが花ボランティアで、お家にお庭がある方で園芸の好きな方がいらっしゃいまして、図書館の中に潤いを、憩いをということで、定期的に花を生けてくださっています。今は万葉の花シリーズということで、卯の花とか蕨とかを句や本と一緒に紹介しています。

「図書館のスタッフとはどこまでを指すのか」と聞かれたらどう答えますか。私は全て直営の図書館（清掃等の業務を除く）でしか勤務したことがありませんが、市の正規・非正規の職員はもとより、ボランティアさんも「スタッフである」と答えてきました。鹿嶋市、塩尻市の図書館時代、返本や装備など、どれだけボランティアさんに支えられたことか。本庁の各課と比べたら、本当に図書館はボランテイアさんの存在は大きなものがあります。

大学の授業で、図書館におけるボランティアさんの実践を紹介する際に重宝しているのが、黒田さんから頂いた中津川の図書館ボランティア活動をまとめたＤＶＤです。生け花による癒しの演出やイベント開催など、図書館事業の隅々にボランティアさんの気配りが行き届いていることに大半の学生は驚きます。

塩尻では私が在職中、図書館が入る複合施設「市民交流センター」の運営や企画に自らの意思で参加・協力するサポーター組織「えんぱーくらぶ」が活発に活動されていました。図書館で行う映画会の上映作品選定から広報まで、クラブの方々が楽しんでやってくれていました。

悔いが残るのは、図書館ボランティアさんたちに、その証となる、例えばピンバッヂを作って差し上げられなかったことです。来館された方が「そのバッヂは何ですか」と尋ねられ、「図書館ボランティアのバッヂです」との会話から、さらなる出会いが生まれ、活動の広がりも図れたかもしれないと、今になってつくづく思います。

図書館は、他館の図書館員との出会いや繋がりの場とはなっているものの、図書館で活動するボランティアさんが、他市町村の図書館ボランティアさんとの出会いの場となっているかといえば、そうではないと思います。図書館として考えても良いのではないでしょうか。

図書館で本物のクラゲを楽しむ

郷野目　香織
（新庄市立図書館）2014.9.8 放送

図書館には今、水槽がありまして、実は新庄市は山沿いの土地なので、海の生き物が非常に珍しいのです。ちょうどリニューアルオープンの機会に、全国的に話題の庄内地方にあります加茂水族館クラゲドリーム館というところから、ミズクラゲが去年から遊びに来ているんですね。季節が変わる毎にいろんなクラゲを持ってきていただいているんですけれども、評判が評判を呼んで、クラゲを目当てにお子さんや家族連れが来館され、クラゲを喜んでくれて、クラゲの本も借りて帰るという光景を目にします。

水槽のある図書館はいくつか見たことがあります。地元の河川に棲む魚類を水槽で飼って、来館者にその存在を伝えるというのはとても素敵なことだと思います。水槽は清掃や餌やりが大変だし、安全管理も容易ではないことから忌避する図書館が少なくないと思います。

この話を郷野目さんから聞いたときは、その発想に膝を叩きました。水族館との連携事業とは現職中に思いつきませんでした。

私の住む鹿嶋市の中央図書館でも、アクアワールド大洗水族館と鹿嶋市立中央図書館とのコラボレーション企画として、図書館内の一部の部屋を使って「アクアワールドin図書館」が開催されたことがあります。

この日の図書館の一室はトラザメ、ウニ、ヒトデなどが見られるミニ水族館に模様替え。水族館職員による映像を見ながらのレクチャーや、図書館職員による海の生き物たちについての紙芝居や読み聞かせもありと、一日親子連れで賑わったようです。

塩尻市立図書館でやれずに終わってしまったことはたくさんありますが、最も後悔していることは、塩尻をスバル360の聖地とする企画が取り組めなかったことです。スバル360といえば日本の自動車史に金字塔を打ち立てた名車。この車の生みの親である百瀬晋六氏が塩尻市出身者であることは拙著『だから図書館めぐりはやめられない』でも書きましたが、いまだにこの事実は広く市民に知られてはいません。

ミニ水族館に模様替えされた図書館のコーナー

１９５８年から１９７０年まで延べ12年間で約39万２０００台を生産。いまだに大切にメンテナンスが施され、現役として走るスバル３６０は全国に相当数あるようです。そんな稀代の名車のオーナーズクラブと図書館がコラボして、塩尻の一つのブランドとして育てるのが夢でした。

１９０４年、日本車の第1号と言われる「山羽式蒸気自動車」が山羽虎夫氏によって製作されて以来、幾多のブランドが誕生しましたが、その中でどれだけのクルマが名車として語り継がれてきているでしょうか。そう考えれば、歴代の名車誕生に関わった方々を、その出身地で顕彰するのも図書館にとって大切な仕事なのではないでしょうか。いや、クルマに限りません。現在、日常生活のなかで、当たり前のモノ（機械や道具など）には、必ず開発を牽引した生みの親がいるはずです。そんな生みの親をドキュメンタリーで描いた名作がＮＨＫの「プロジェクトＸ」ではなかったでしょうか。しかし、番組では主人公とされたリーダーの多くは、歴史にその名を刻むことなく市井人として生涯を閉じた方が少なくありません。その業績は関係者の胸には深く刻まれても、その誕生地やゆかりの地で顕彰されていることは稀だと思います。

今、私が塩尻の館長であったなら、私は全国のスバル３６０のオーナーズクラブである「全日本てんとう虫の会」と連携し、もしかしたら、自らも３６０のオーナーとなって、塩尻のブランド化に奔走しているかもしれません。

多分化サービスを論じるとき、どうしても外国語の資料収集に傾きがちですが、それだと外国人を図書館の一角に分けてしまいがちな気がします。塩尻では外国語資料は図書館でも最も目につきやすいところにコーナーを設けました。その隣には、塩尻の地域ブランドの資料を置きました。どちらかと言えば、共に図書館資料の中でも「貸出の少ない資料」に該当するものであり、よって多くの図書館は目立たない場所に置きがちと言えなくもありません。

でも、そうした資料こそ、アクセスしやすい場所に置くべきではないでしょうか。

　本の大半は文字によって成立しています。しかし、写真集や絵画は、それを理解するのに語学の知識を要しません。クルマにしても道具にしても「モノ」を慈しみ愛でるのに言葉は不要です。

　多分化サービスには、語学の知識を要しない「モノ」を本と一緒に展示することで、注目してもらう工夫が必要ではないかと思います。

図書館はまちのたからもの

横尾　三津子
（佐賀県立図書館）2014.11.3 放送

図書館は宝がたくさん眠っているところなんです。私たち図書館員は利用してくださる皆さまの笑顔から元気をもらいますけれど、図書館員も皆さまに元気を届けていきたいと思っています。

この日のトークで「図書館は宝がたくさん眠っているところ」との言葉がとても印象に残りました。その後、２０１５年11月7日、第10回南相馬市立図書館連続講演会の講師に招かれた時の演題が「図書館で地域のお宝発見！」でした。ここまで書くと、拙著の読者であれば、なるほどそうきたか、となりますね。そうなのです、２０１６年5月に上梓した『図書館はまちのたからもの』は、実は横尾さんの言葉がヒントとなったものなのです。

そして、もう一つ「図書館員も皆さまに元気を届けていきたい」とのフレーズも、私の講演のまくらによく使わせてもらっています。現職時代は利用者に「本」を届けることを使命としてきましたが、現職を辞した今は図書館員や市民に「元気」を届けることを仕事と任じています。

毎週パーソナリティを務めるラジオ番組も、そして番組から生まれた本書も「元気」を届けることが目的なのです。

資料はさることながら、利用者さんを迎えるスタッフの「元気」も図書館のお宝であってほしいものです。

図書館の資料は市民の共有財産

島津　芳枝
（宇佐市民図書館）2014.12.1 放送

図書館の蔵書には「一冊の本を市民の皆さんで共有して、大切にしていく」という意味が込められているように思います。そこには過去、現在、未来の市民が存在しています。この考え方を子どもたちに教えることが大切ではないか、と思っています。図書館の蔵書の意義を伝えることで、子どもたちの公共性を養うのです。また、地方では書店が存在しても児童書やＹＡ分野の在庫は限られています。片や学校図書室も充実しているとは言えません。公共図書館員として、蔵書の質・量ともに充実に努め、日頃読んでいるものとは違う、新たな本に出会っていただけるように、日々取り組みたいと思っています。

図書館の本は「市の備品」です。本は地方自治体が所有する施設、机、パソコン、テントなどと同じく、市民の「共有の財産」として大切に扱わなければいけないものです。しかも、本は経年劣化が避けられない他の備品と違い、なかには永年保存として扱うものもあります。それは高価な資料であったり、地域のことが書かれた他県では所蔵されない貴重な資料であったりします。こんな備品は役所ではなかなかありません。紙の劣化や印刷の退色は不可避ではありますが、大切に扱えば十分に保存が可能な備品です。

しかし、乱暴に扱われ、破かれたり、切り取られたりする被害は後を絶ちません。「本が泣いています」などと銘打ち、被害に遭った本や雑誌を展示してルールの順守を呼びかけることは全国の図書館で行われています。

図書館の本は、公立図書館であれば設置者である地方自治体がオーナーですが、換言すれば、島津さんの言う「過去、現在、未来」の市民のものだと思います。現在だけに捉われて選書していたら、未来の「市民」が納得する「過去」の蓄積になるでしょうか。このメッセージはとても大切な言葉だと思いました。

図書館員と郷土資料

内山　香織
（黒部市立図書館）2014.12.8 放送

私は郷土の仕事に取り組みたいと思ったから、図書館を志望したわけなんです。でも、実際に来てみたらなかなか郷土にじっくり取り組む時間がないものですから、ちょっと大袈裟なんですが、これじゃ志が貫けないと、年に1回は時間をかけて行う企画のうち1本は郷土をテーマにしています。最初の年は地元に伝わる津波伝説をまとめたりとか、2年目は民話ですね、市内にはいろんな似たような民話が残っていて、それの関連性をときどき聞かれるのですが、答えられなかったので、ある資料を全部揃えて関係と特徴をまとめた資料をつくり企画展を催しました。それもやがて年々続けていればパスファインダーに活用できるかなと思って、通常業務に組み込むようなかたちで、郷土の仕事にも取り組んでいます。

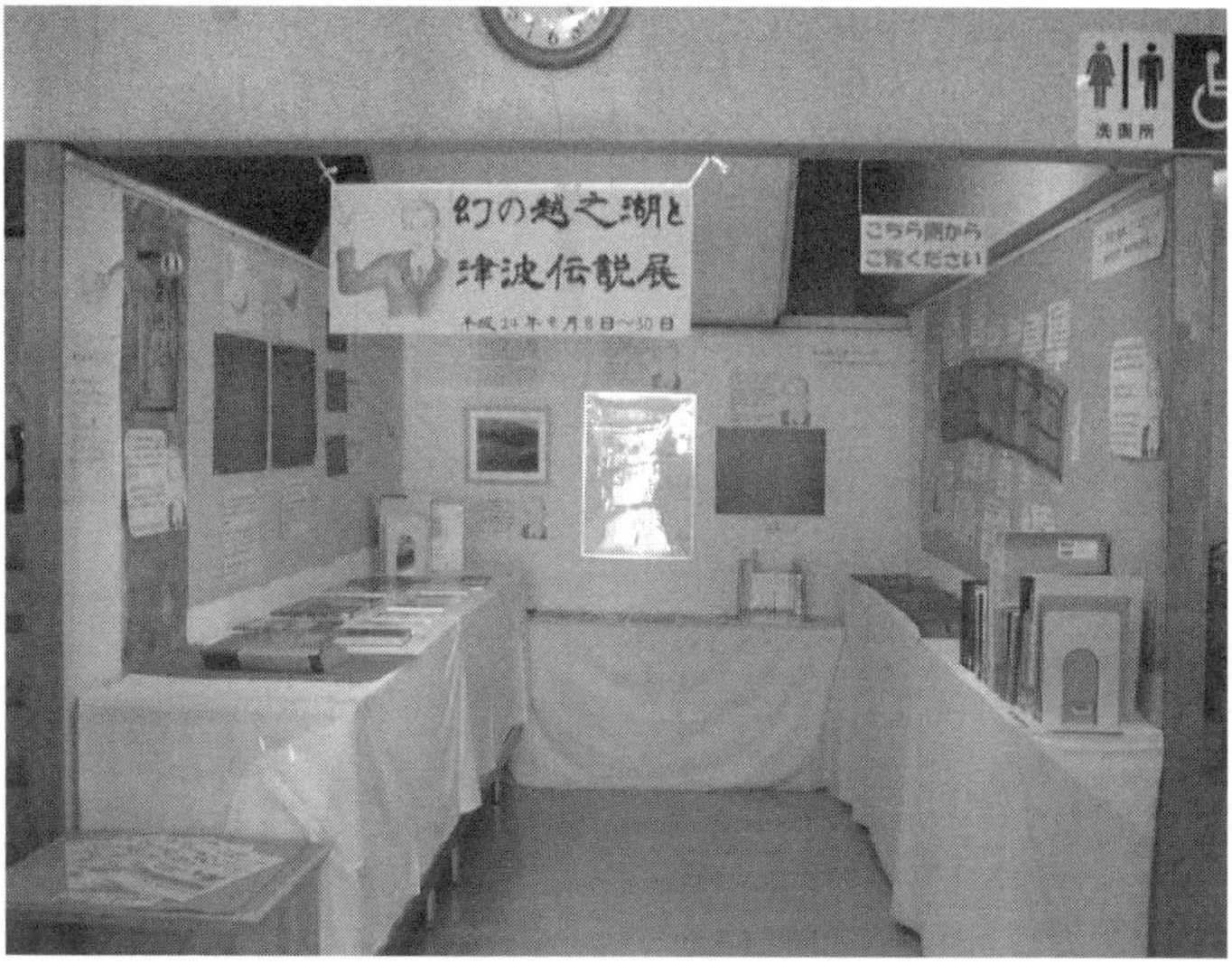

地元に伝わる津波伝説をまとめた展示（写真提供　内山香織さん）

「図書館にとって最も基本的な資料はなんですか」と某フォーラムにパネリストとして登壇した私に会場からこんな質問がありました。回答の時間がたっぷりあれば、もっと丁寧な説明になるのですが、その場の限られた時間を考えて私はこう答えました。「地域資料です」と。

　図書館を訪ねたとき、ときおり残念に感じるのは、館内を5分ほど歩いても、その土地の歴史や特産や偉人やら、そのまちのブランドが伝わってこないときです。館内を巡っても、例えば日本の小説の棚（913.6）からは自治体の差異はわかりません。しかし、地域資料の棚の前に立ち背表紙に印字された書名を見るとき、しみじみ図書館の仕事ってすごいなぁと感じます。他の棚と違い、ここにある本の多くが「はじめまして」と私に挨拶してくるのです。読めない地名、知らない作家、初めて知る出版社など、地元の人にとっては常識でも、私にとっては知らないことばかり。その意味では、最もわくわくする場所が地域資料のコーナーです。

ところが、地域資料の一部の棚に鍵がかかっていたり、部屋への入室許諾を得なければいけない図書館があったりします。稀覯本《きこうぼん》ならば仕方ないと思わなくもありませんが、決してそのようなものばかりとは思えないことが少なくありません。「郷土の本は、地元住民にとっては読みものであると同時に実用書でもあります。であれば本来は、資料として購入するものとは別に、誰もがいつでも手にとって読めるように、開架棚にも一冊置く配慮があってもいいのではないでしょうか。（＊）」との意見もあるように、仮にすでに絶版となり貴重な一冊のため、という理由だけだとしたら、なにかしら工夫が必要なのではないかと感じます。

志半ばで終わってしまいましたが、塩尻市立図書館長時代、郷土の出版人である古田晁（筑摩書房創業者）や中野幹隆（哲学書房創業者）を顕彰する児童・生徒向けのブックレットのようなものをつくりたいと考えていました。学校教育の場で使えるような資料を図書館が作成し、わがまちの歴史を後世にしっかり継承すること。まさに図書館の守備範囲ではないかと思うのです。

鹿嶋市の図書館時代のことは、『図書館はまちのたからもの』（日外アソシエーツ）に書きましたが、地域の伝統行事を映像・画像で残すことも図書館の仕事として取り組みました。撮影・編集に要する機器類は補助金で充て、撮影や編集といったテクニカルな作業は、そういう作業を得手とする市民の協力を仰ぎました。

鹿嶋市は視聴覚ライブラリーを中央図書館に置くことが規則で定められており、私が在籍していたころは、16ミリフィルム映写機講習会を定期的に開講するなど、単に視聴覚資料は収集に努めるだけでなく、制作や普及にも力を注いでいました。

構想だけで終わってしまったものの一つにヴォイス・ライブラリーがあります。失われてゆく方言をしっかりアーカイブしていくことを始め、歴代市長の肉声をしっかり残しておきたかったです。

（＊）川上賢一「地方出版社の廃業が相次ぐ中、消える本を図書館に残す方法は〈地方・小通信〉」『新文化』2016年1月28日

図書館は「あって当たり前」

小廣　早苗
（佐倉市立志津図書館）2014.12.22 放送

図書館に勤め始めた頃は、図書館って本が好きな人、勉強が好きな人っていうか、そういうイメージの方が図書館を使うんだというふうに、働く側もそういう人たちに対してのサービスを、って感じだったんです。20年過ぎて今思うのは、時代も変わってきて、もちろん図書館が好きな人、本が好きな人もいるんですけど、プラスアルファで、私は図書館を使ったことないわとか、自分の生活や仕事と関係ないわ、という方にも図書館を使ってもらいたい、使ってもらわなければというようなことをすごく感じております。そういう方向に仕事を考え、また、図書館についてもっともっとPRっていうんですかね、日常生活の中に本当に必要なものって言うと力が入り過ぎちゃうので「あって当たり前」だということをさりげなく訴えていかなければならないんじゃないかと感じております。

公立図書館運営の原資は税金であることは言うまでもありません。ならば、一人でも多くの納税者に、公共サービスを享受してもらうことで税金を還元しようと考えるのは当然のこと。しかし、図書館を使っている人は市民の2～3割程度、図書館サービスを熟知している市民と言ったら1割にも満たないのではないでしょうか。

問題なのは、図書館からのお知らせが届いていないってことではないでしょうか。自治体発行の市町村報に図書館のコーナーが常設されているところもありますが、この広報自体がどれだけ読まれているのか。図書館が発行する「図書館だより」に至っては、図書館内のチラシ棚に置いてあるだけでは新たな利用者開拓に繋がる効果はあまり期待できません。

図書館まつりの周知用ポスターやフライヤーにしても、役所や最寄駅など人目に付くところに掲示しているところは僅少ではないかと思います。ましてや図書館近辺の飲食店にポスター掲示をお願いするなど考えたこともない、といった図書館員が多いのではないでしょうか。

でも、こうしたことはできないことなのでしょうか。なかには困難な場所もあると思いますが、要は図書館員の地域での営業努力如何ではないかと思います。

図書館を使う使わない以前に、図書館サービスを知らない市民はまだまだたくさんいます。小廣さんの言う「使ってもらわなければ」という気持ちはとても大切なことだと思います。図書館員を卒業して図書館人となった今でも肝に命じていることです。

おせっかいなボランティア

伊藤　松枝
（那智勝浦町図書館協議会委員）2015.1.5 放送

子どもたちがいつも食い入るように絵本を見てくれる姿、楽しみに来ました、また来るよって言ってくれるんですけれども、その子どもたちの瞳って今も昔も変わらないんだなぁ、子どもたちは絵本が好きなんだなぁってことを、17年間の読み聞かせ活動から感じています。

大きくなって既に高校生になってらっしゃる子どもたちから「おばちゃん」って声をかけられるのがすごく嬉しいです。

おせっかいなボランティアなんですけれども、子どもだけじゃなく、赤ちゃんから最高齢者まで、みんな図書館が必要なんだと思ってくれるような図書館になったらいいなって思っています。

「おせっかい」という言葉は大好き。図書館員は実はみんなおせっかいだと私は信じています。と書くと、難しい顔をして『広辞苑』をめくる人がいるでしょう。『広辞苑』には「余計な世話をやくこと。他人の事に不必要に立ち入ること」とあります。要は相手に好まれない行為を意味するのですが、「高知おせっかい協会」なる組織の定義は「頼まれなくても世話を焼くこと」とあります。そして、こういう人を「オセッカイスト」に認定する、と。

私はこの「オセッカイスト」という言葉を初めて目にしたとき、快哉を叫んでしまいました。その言葉の響きの良さと、洒脱さが気に入ってしまいました。

伊藤さんは「おせっかいなボランティア」と自虐的に言われたのでしょうが、図書館好きは「図書館を使ったことはありますか」と周囲にしょっちゅう口にしています。まさに余計なお世話です。でも、図書館で発見するさまざまな展示・掲示・配架等の工夫は、「高知おせっかい協会」の定義するところの「頼まれなくても世話を焼くこと」そのものではないでしょうか。

ちなみに、この協会は何を目的にした団体かといえば、「外国人観光客の方のための環境整備を行う」とのこと。「外国人観光客」を「図書館来館者」に置き換えれば、そのままリアルな図書館の日常になります。図書館員から図書館人になって、私は以前に増して「オセッカイスト」になっています。

専門図書館という深遠なる世界

結城　智里
（ＢＩＣライブラリ）2015.1.12放送

ビジネス支援と言うと、通常、公共図書館でやっているものというイメージが強いと思います。一般の人が企業を立ち上げようと思った時に、図書館の資料を使ってもらうというものです。我が館でもそれをやろうということになって、図書館を改装するにあたって、いろいろミーティングもできるように、中で喋ったりしても大丈夫なつくりにしたんですけれども、実際のところ、なかなか普通の人がふらりとやってくるというのは、ここの図書館はあまりないんですね。

知らせていないということもありますし、ちょっと入ってもいいのかな、と躊躇する人が多いようです。いままでもオープンにしているんですけれど、それだけじゃなくて、「Ｂ to Ｂ」というふうに当時の部長が言ったんですけれども、ＢＩＣライブラリからビジネス支援をやっている公共図書館を支援しようという方針にしました。専門情報を提供している図書館なので、普通の公共図書館では置いていないような資料を置いておりますから、何か困った時にこちらに連絡してもらえれば、お助けできればいいな、というのがうちのビジネス支援です。

たくさんのゲストに出演いただいている私のラジオ番組ですが、私自身の交友関係の狭さもあり、専門図書館の出演者はまだまだ数人しかいません。施設の入り口や道路標識に「専門図書館」という看板が設けられているわけではなく、いったい何が専門図書館なのかわからない市民が多いことは言うまでもないと思います。実際に地方の公共図書館で働く図書館員ですら、平素、専門図書館に足を運んだり、遠隔でサービスを受けたりする人は少ないのではないでしょうか。

私も拙著『クルマの図書館コレクション』（郵研社）を執筆するまでは、ほとんど利用することのない館種でした。ところが執筆を始めたところ、直ぐに公共図書館の資料の限界に直面しました。鹿嶋市近辺の公共図書館の資料では全く仕事にならないのです。拙い本ではありますが、専門図書館がなかったら拙著は生まれなかったと断言できます。一縷の望みを託して図書館を訪ね、探していた「たった一行の記述」「たった一枚の写真」を見つけ何度欣喜雀躍したことか。一行の文章を、一枚の写真をこの目で確認しなければ、全く先に進まないなんてことはよくあること。まさに、調査・研究の最後の砦が専門図書館なのです。

勤務する図書館の近くにもしも専門図書館があるならば、一度は実際に利用してみることが現職の図書館員には絶対に必要だと思います。特定のジャンルの選書の参考になることは間違いありません。

また、少し遠方でも、例えば、クルマ、切手、鉄道など、自分の趣味の世界の資料を収集している専門図書館には一度足を運ばれることをお勧めします。深遠な趣味の世界がさらに広がります。

学校図書館と公共図書館

永見　弘美
（学校図書館業務責任者）2015.1.19 放送

都立高校の図書館で、８校の高校の専任の司書のとりまとめやサポート、学校との打ち合わせなど、東京都から委託された会社の業務責任者として勤務しています。

あまり馴染のない業務だと思いますが、何年か前に調査した時に、都内の小学生、中学生に比べ高校生の学校図書館の利用率が低く、不読率が高いという結果が出たそうなんですね。それで、開館時間を増やしてもっと学校図書館を利用してもらおう、それから本を読んでもらおうということで、この仕事ができたと聞いています。

公共図書館に15年勤めていた時に、学校連携の大切さが強く言われておりましたので、公共図書館からアピールしていたつもりなのですが、学校の先生たちに公共図書館のことは本当に伝わっていないんだなぁということが学校図書館の中に入ってみてよくわかりました。連携できることが知られていないために、学校図書館の中の本しか使えていないのだと感じることがあります。

図書館員には、例えば公共図書館と大学図書館、大学図書館と専門図書館など、複数の館種に勤めた経験を持つ方がけっこういます。私は公共図書館しか経験がありませんので、こういった経験のある方を正直羨ましく思います。

公共図書館は、学校図書館など他館種の図書館と緊密に連絡し、協力することが法的に定められているのですが、実際には永見さんが言うように、連携先のことを十分に知っているかと言うと、そうでもないというのが現状ではないかと思います。

鹿嶋市では、公共図書館司書、司書教諭、学校司書合同の研修会の講師を務めたことがありますが、身近な学校図書館と公共図書館でも、こういう研修機会がどこの自治体でも行われているかと言えば、そうでもないようです。

永見さんは業務責任者として都内8校の高校の専任司書のとりまとめをされているとのこと。これはやりがいのある面白い仕事だろうなと思いました。私も塩尻市立図書館の館長時代、学校図書館所管課の職員と一緒に、市内の小中学校の図書館を定期的に巡回させてもらい、学校司書や司書教諭、ときには学校長と学校図書館の課題や公共図書館の使い方などについて意見交換していました。学校司書は一人職場で過ごすことが多いため、こうして複数校を指導するエリアマネージャー的な人がいることは、学校司書にとっては心強い存在だと思います。

だれが雇用するのかといった人事の課題はありますが、公共図書館においても、広域で各自治体の図書館サービスを俯瞰できる専門家がいるといいな、と現職時代ずっと考えていました。なんとかできないものでしょうかね。

図書館員は親切？

椛本　世志美
（目黒区立八雲図書館）2015.2.2 放送

図書館員はレファレンスを仕事だと思っていますが、使っていらっしゃる方はそれを親切だと思っている場合がありますね。実は、親切ではなく仕事なので、図書館の本来の仕事であることをわかってもらえるといいな、と。それをわかってもらえるように努力していきたいと思っています。

本庁の総務や企画や人事といった官房系に長く在籍後、図書館に異動になって市民の皆さんと日々接するようになって、これほど感謝され、これほど愛される役所の仕事って40歳になるまで経験がなかったので、異動当初は毎日が夢心地でした。

レファレンスで調べてもらったお礼として、いろんなものをいただきました。勿論、地方公務員法に抵触しない範囲の行為であることは十分に承知してのことです。

確かに利用者さんのために、しかも頼まれてもいないのに「ここまでやるかぁ」と自分でも呆れたことも少なくありません。回答の約束はしていなかったものの、なんとか情報を入手したいと一日費やして遠方まで足を延ばしたことは1度や2度ではありません。協力をお願いする方への訪問時のお礼の品も当然実費です。でも、これって図書館員なら誰でも同じようなことをしているのではないかと思います。楽しいからやっているのであって、変な義務感ではありません。格好よく言えば図書館員の矜持ってものでしょうか。

極めて簡単な数秒で回答できるものでも、相談者にとっては積年の悩みの解消ってこともあるので、それが過剰な「感謝」になるのかもしれませんが、図書館員は「奉仕」するのが仕事。残念ながら、椛本さんの言うように、まだまだ知られていませんね。これを周知するのも、今の私の仕事と任じています。

図書館のPR

松永　憲明
（神戸市中央図書館）2015.2.9 放送

図書館というのは多くの方に利用いただいていると言いながら、人口的に言って貸出カードを持っているのは神戸市民のまだ三分の一くらいなんですね。もっと図書館がやっていることについてPRというか、一方的なものだけじゃなくて、仕組みを知っていただいて、使っていただいて、こうやったら使っていただけるんだよといったことも含めて、皆さんにお知らせしていきたいなと。

PRってことで言いますと、神戸の図書館のPRではないんですが、私の前職というか随分前なんですけれども、クルマ屋にいたときに、クルマを売るための広報っていうか宣伝の研修をかなり受けまして、ポスターとかチラシとかの使い方ですね。見てもらいたいものは通行の邪魔なところに置けとか、ゆっくり読んでもらいたいものはエレベーターの籠《かご》の中に掲示しろとか。

ウチの図書館員というのは外に出て行くというところが弱いと思うので、外に何かを出していくってことで言うと、細かな技術的なことも含めて伝えていければいいなと思っています。


私は民間企業に勤めた経験がありません。正直、現職中、それが弱点だと思っていました。だから中小企業診断士の受験勉強をしたり、企業に勤める人が主に受講するようなセミナーにも積極的に参加したりしました。

友人からこんな話を聞きました。「内野さんは民間の発想をお持ちなので好きになれません、と図書館員が言っていましたよ」と。この言葉には開いた口が塞がりませんでした。特にＰＲに関しては、公務員は民間の発想に学ぶことは大であると思っています。読まれない広報紙、一瞥もされないポスターなど枚挙に暇がありません。

松永さんの「見てもらいたいものは通行の邪魔なところに置けとか、ゆっくり読んでもらいたいものはエレベーターの籠《かご》の中に掲示しろ」は、現職中に教えてもらいたかったテクニックです。

名刺を持たない図書館員

高野　一枝
（ライブラリーコーディネーター）2015.2.16 放送

図書館の方って大人しくて、図書館の中だけで行動する人がとても多いんです。ただ、図書館って外に対して、利用者に対して、働きかけないかぎりはなかなか予算も確保できないので、アサーション研修した方がいいよって友達に言ったら、千葉県立図書館で研修の機会をつくっていただきました。私も初めての経験でとても良い勉強になりました。

「正規の職員じゃないから名刺持っていないんです」っていう図書館員の方が多いんですね。私もいまは会社に所属していませんが名刺は持っています。名刺は自分でつくればいいんだよと言うと、その翌年にたまたまお会いすると、あの時言われたので名刺つくりましたって、目の前に持ってきてくださる方って結構いるんです。嬉しいですよ〜。

現在、直営館の公共図書館で働く職員の7割は非正規職員です。身分は臨時職員や嘱託職員等で、その多くは利用者と直接関わるパブリック・サービスに従事しています。正規職員は庶務担当となれば、カウンターに出ることは極めて少なくなります（図書館によっていろいろあるので断定はできません）。ましてや、カウンター業務をアウトソーシングしている図書館となれば、正規職員も非正規職員も事務室やバックヤードでの仕事が主とならざるをえません。

カウンター業務を主に非正規職員に任せる直営館を例に考えると、ここで働く図書館員の多くが名刺を持たないとしたら、どう思いますか。図書館員は名刺を持たずにどう自分をアピールするのでしょうか。でも、実態はそうなのです。講演先でたびたび出会う「私、名刺を持っておりませんので」との図書館員の言葉は、斯界に身を置いて20年間経ちますが、たいして変わっていません。

もっとも、名刺を持たなければ、積極的に講師である私に挨拶にくるはずもなく、一期一会でどれだけ損をしているか。それは自分だけの問題ではなく、勤務する自治体に、場合によっては不利益を生じさせかねません。雇用形態がどうあれ、「公務」に就いている以上、しかるべき姿勢が求められるはずです。恵まれない雇用条件下、公務として職場外で研修を受ける機会が少ないとはいえ、必ずしもお金をかけた名刺が必要とされるわけではありません。自家製の名刺でも何ら問題ないのです。

公務に就いている人が名刺を持たないのは、極端な言い方ではありますが、自分の働くまちを誇りに思わないのと一緒です。

図書館によっては、非正規雇用の方々がいまや公共図書館の屋台骨を支えているといっても過言ではありません。ならば、堂々と名刺は持っていてほしいなぁというのが、図書館好きな「一市民」の願いです。

本には無限の可能性がある

古澤　理恵
（大津町学校図書館員）2015.3.9 放送

本がちょっと苦手とか、本とか面白くないなぁと言っていた子が、（私が）紹介した本を読んで「これ面白かったよ」と持ってきてくれて、「次」と言ってくれた時が一番困るんです。何を紹介しようかなとドキドキするんですね、でもとても嬉しいことです。

私はもともと本が好きで司書になりたいと思って司書になったんです。今は本を使って、本をきっかけに世界が広がるというのをしみじみ体感していて、世界の広がりとか、いろんな可能性というのを今の中学生にぜひ伝えたいと思って仕事をしています。本には無限の可能性があるんだなぁとつくづく感じています。

学校図書館の勤務経験はありませんが、鹿嶋市役所では学校図書館を所管する学校教育課長に就いていたこともあり、学校図書館に対する熱い思い入れは、拙著『図書館はまちのたからもの』(日外アソシエーツ)に書かせてもらいました。簡単に言えば、学校図書館改革は、そこを所管しない図書館長ではできないということ。古澤さんの言う「本をきっかけに世界が広がるというのをしみじみ体感」とは、学校現場にいなければなかなか言えない言葉として羨ましく聴いていました。

本と言えば、電子書籍元年と喧伝された2010年以降、紙の本の存在が将来は危ういなどとの言説が針小棒大に流布されている感がなくはありません。政府が支援した組織「電子書籍コンソーシアム」は、1999年に「2005年に2000億円規模の市場ができる」と予測しましたが、その予測値に達したのは11年後でした。しかも、その大半はコミックの需要です。

2010年に出版された『もうすぐ絶滅するという紙の書物について』(阪急コミュニケーションズ)は、その帯に「紙の本は、電子書籍に駆逐されてしまうのか？」とあり、書名も帯の惹句も煽情的ですが、中身は紙の本の未来を悲観的に語っているだけのものではなく、電子的記憶メディアの課題にも触れているものです。

この本はウンベルト・エーコとジャン＝クロード・カリエールの対談の翻訳（工藤妙子訳）

ですが、フランスの原題を直訳した邦題ではありません。やはり「電子書籍」という言葉が読者の購買意欲を駆り立てるということなのでしょうか。

電子書籍が新たな読書の楽しみ方となることを否定するものではありませんが、電子書籍市場が急伸したアメリカにおいても、近年、その伸びは鈍化し、リアル書店の復活が伝えられています。

読書の楽しさと、本の楽しさとは同じではありません。本には、触れる、めくる、並べて眺めるなど、リーダーでは体感できない「本の読書」の世界があります。なによりも、書店や図書館の棚で、その背表紙や表紙に「出会う」という喜びは電子書籍では経験できません。子どもたちにはそんな出会いをたくさんしてほしいものです。本は装丁という衣装をまとった「作品」でもあるのです。

緑の図書館

道上　久恵
（藤沢市湘南大庭市民図書館） 2015.3.16 放送

藤沢市の4館はそれぞれ蔵書に特徴があるのですが、湘南大庭市民図書館は藤沢でも緑豊かな地域にありまして、2000年に開館したので、ちょうど今年（平成25年）開館15周年を迎えるんですね。開館したのが4月29日の「みどりの日」だったこともあって、「みどりの本コーナー」といって、植物とか野菜とか園芸などの緑に関する本をたくさん集めています。具体的には、野菜づくりや寄せ植えとか、実用書のような気軽に読めるものから、少し専門書的なもの、例えば冬虫夏草の本とか、バニラ栽培の本とかを最近では蔵書に加えました。ラテン語の植物の読み方辞典とか専門的なものも購入しながら、魅力ある特色をもったコーナーができるようにと考えています。

ベランダなんかで植木を楽しんでいらっしゃる人もいますし、お家を持っている方はお庭も広かったりされますし、家庭菜園も近くにありますので、野菜づくりしている方はとても多いところです。

図書館員の皆さんって自分が勤務する図書館の開館日って覚えているものなのでしょうか。道上さんがこの話を収録時に始めた時に、私に振られたらまずいな、と一瞬動揺しました。塩尻市はさすがに立ち上げに関わったので覚えていますが、正直、鹿嶋市は覚えていませんでした。

素敵な話だなぁと思ったのは、みどりの日に開館して、図書館には「みどりの本のコーナー」があって、さらに、図書館の周辺は緑が豊かな住宅地というのですから、興味を持たないわけにはいきません。逆に緑の豊かな地域だから、あえて「みどりの日」を開館日に選んだとしたら、なんとも当時の市長のエスプリに脱帽です。

道上さんの勤務する図書館は、立地する地域の特性を蔵書に活かしていることに感心しました。図書館の蔵書構築の定番ではありますが、意外とここまではっきりと打ち出している図書館はそう多くはありません。

私がもしもこの図書館の館長だったら、エプロンは葉の模様か花柄に統一なんて言い出し

開館日の「みどりの日」に因んだ「みどりの本コーナー」

て、スタッフから顰蹙《ひんしゅく》を買うことになるでしょう。

エプロンが却下なら仕方ありません。ジャケットの襟には花柄のピンバッヂを付けます。季節ごとに変えて楽しみます。ちなみに、下襟（ラペル）にあるボタンホールはイギリスのエドワード皇太子がこの穴に花を入れていたことから「フラワーホール」と呼ばれるようになったとのこと。

「みどりの日」があれば「花の日」があります。８月７日は日本記念日協会認定の「はなの日」。この日くらいは、花をフラワーホールにつけて勤務したいなぁ、と。こんなことを考えていると、図書館はつくづく楽しいことができるところだなと思います。

ちなみに、みどりの日は１９８９（平成元）年から２００６（平成18）年までは４月29日でしたが、現在は５月４日となっています。

図書館員と名刺

井上　昌彦
（関西学院大学図書館）2015.4.20 放送

図書館の方々に対しては、ぜひ、図書館員同士、情報に携わる人同士の連携を強めていって、ユーザーさんのために、図書館界をより良いものにしていただけたらなぁといった思いを持っています。また、図書館を使われる方には、そういった図書館員の努力があることを汲んでいただいて、何かあったら気軽に図書館を使っていただくということをお願いしたいと思います。

図書館員であることを公私において意識し、人と繋がり、情報を発信し続ける方は少なくありません。そういった方々は1回の出会いを、その場限りにしません。メール、手紙、フェイスブック等、ご自身の印象をしっかりと残す術を体得しているように感じます。まして

直筆サインもある「空手家図書館員」井上さんの名刺

や井上さんは「空手家図書館員」として斯界では知られる方。「空手家図書館員の奮戦記」なるブログでは「今よりもうちょっとだけ頑張りたいライブラリアンの皆さんに気軽に読んでもらえて、元気で前向きになってもらえるブログにしたいと思います」と。こうした不断の活動があるからこそ、井上さんの「図書館員の努力があることを汲んでいただいて」という言葉になるのだと思いました。

○○さんは空手家、○○さんは滝フェチ、○○さんは地衣類フェチと、斯界ではそれなりに認知されている方がいます。現職中は私自身こうした自己表現をできずにいました。退職後、執筆を続けていくうちに、クルマとプロレス好きということがだいぶ知られるところとなり、「見つけた瞬間、これは内野さんに買わなくてはと思いました」なんてメッセージと共に、ミニカー、クリアファイル、クルマを模したチョコレートなど、知り合いの図書館員から年に数回ほど送られてきます。

井上さんと初めてお会いしたとき、いただいた名刺は2枚。1枚は勤務先のロゴマークの入った定番の白地の名刺。もう1枚は二つ折り4面で、「空手家図書館員」と大きな文字が印字してある面には、井上さんの直筆のサイン。かなり細かなプロフィール、関心テーマ、所属する学協会等が4面にびっしり。ここまで個人のことが書かれた名刺をいただくのは初めて。このように、もう1枚の名刺でパーソナルなアピールができると、図書館界はもっと楽しくなると思います。

鹿嶋市役所時代、30歳代の頃、一度だけプライベート名刺を作ったことがありました。しかし、100枚印刷したものの配ったのは30枚程度。渡す相手を間違えたら顰蹙《ひんしゅく》を買うかもしれないし、当時の私はそもそもそれができる自信がなかったのかもしれません。恥ずかしい黒歴史です。私は現職中も公務員定番の白色の台紙に明朝体の文字の縦型名刺、いわゆる典型的なスタイルの名刺は一切作りませんでした。同僚からすれば、かなり派手なというか公務員らしくない、台紙の色とデザインでした。

30年ほど前の地方自治体には、現在のように「地域に飛び出す公務員アウォード」のようなノリがなかったころで、正確な年は失念しましたが、都内の研修会で運転免許証を模倣した名刺を出された公務員の方がいて、遊び心に感嘆した覚えがあります。

これくらいこだわっていた名刺、持つのが当たり前だと思っていた名刺ですが、図書館に異動するや否や、持っていない正規職員がいることに唖然としました。これが20年前の話。しかし、今もそう大きく変わっていないようです。

ちなみに、井上さん、二つ折り4面を、今は三つ折り6面に変えたとのことです。脱帽です。

図書館員は地域を知っているか

中島　善久
（江戸川区立小松川図書館）2015.5.25 放送

図書館の運営に関しては、目標があった方がいいと思いまして、みんなでスローガンを考えました。これがですね、ちょっと格好悪いんですが「地域を知り、地域へ出向き、地域に根付く─小松川図書館の挑戦─」というので仕事をしています。

「地域を知り」というのは、スタッフの問題意識と、それから利用者の皆さんの需要を表した言葉です。公共図書館の職員は本や資料のことだけを知っていればいいということではないと思っていてですね、図書館が置かれている地域を知ることは、そこに暮らす人や、その人たちの資料ニーズを知ることに直結しているんだと思います。この課題に取り組むため、館内整理日には決して長い時間ではないのですが、江戸川区や小松川平井地域を知るための勉強会をスタッフで行ったりしています。

　また、お客さまの対応の中で地域の歴史や文化をもっと知りたいとの需要がすごく高いということが確認できたので、そこで、昨年や今年の図書館行事では、地元の小学校の校長先生をお招きして、小学校の歴史をお話しいただいたり、地区の郷土史に関する講座を郷土史家にお話ししていただいたりしてもらっています。

「地域へ出向き」なんですが、小松川図書館は築年数がけっこう経っていることもありまして、待っているだけではお客さまがなかなか足をこちらに向けてくれないということがあります。ならば出て行っちゃおうと、近隣の学校や幼稚園や保育園に対して、私と担当者が御用聞きを始めたんですね。その結果、最近では学校に呼ばれて行うお話し会はもちろんなのですけれども、図書館の説明をしてほしいとかですね、あと嬉しいのは学校の先生が図書館に来て下さって、連携についてご相談したいというお話をしてくれることもちょっとずつ多くなってきています。それがとても嬉しい感じです。

　ほかには、町会の皆さんと仲良くしようと思っておりまして、盆踊りとか町会の行事なんかにも最近では声をかけていただけるようになってきました。こちらから出て行って図書館の説明とかなんかをするようになってきて、地域住民の皆さんとの連携にも力を注いでいます。

「図書館員は地域を知ること」とは研修会の講師の定番のフレーズ。しかし、そうは言われても、素直に図書館員が地域を知るために街に出ているとは思えません。もっとも、地域に出る以前に図書館員は役所内すら歩かない、役所内の人と付き合わないという印象が拭えません。フェイスブックで全国駆け回るレポートは頻繁に目にしますが、町内会の活動に参加とか、地区の運動会の競技に参加なんてレポートはほとんど見かけません（そういうことは投稿しないという人が多いのかもしれませんが）。

地方と違い特に都内の特別区の図書館に勤務する方の大半は、区域外からの通勤者ではないでしょうか。となると、意識して図書館周辺の地域に出ない限り、図書館員であることを認知してもらえません。最寄駅と職場である図書館を行き来するだけでは地域を知ることは到底できません。館長である中島さん以下、スタッフみんなが意識して地域と関わろうとしていることを番組で知り感動しました。

図書館応援団をつくろう

松田　公利
（和歌山県立図書館）2015.6.1 放送

図書館員も図書館のことを簡単に説明できる技術って言うんですか話術っていうのか、今後より必要になってくるのではないかって思っております。もっと図書館を理解してもらって、一人でも多くの図書館応援人をつくりましょうってお願いしたいと思います。

多くの方々にはぜひ図書館に来ていただきたいですね。司書は日々住民の方々のことを考えながら本を選んでいますんで、探している本の横にもしかしたら自分の人生を変える一冊があるかもしれない可能性のある施設が図書館なので、ぜひおいでいただきたいと思います。

企業に勤める人は、その業種が例えばサービス業や製造業であれば、誇らしげに自社のサービスや商品を聞かれなくても周囲にPRすることと思います。モノによっては自社の製品以外は購入しないなんてことも珍しくないと仄聞《そくぶん》します。ところが自治体職員はどうでしょうか。同じ自治体職員同士なら多少は自治体の話をするでしょうが、そうでない場合は積極的に自治体の話をしているようには思えません。むしろ、図書館が理解されていないなんて愚痴をこぼすことの方が多いのではないでしょうか。

ある日、こんなメッセージが図書館員から届きました。

先日、後輩を連れて奈良井宿に寄ったのですが、とあるカフェで、あーでもない、こーでもないと図書館の愚痴を言っておりましたら、マスターから熱い励ましと教えをいただきました。「かなめや」さんです。内野先生との日々や司書の職業論、塩尻の文化政策など、どれも貴重なお話でした。素晴らしい「えんぱーく」も一日にしてはならず。でも、「県内の司書は、えんぱーくの存在が何よりも励みです!」とお伝えしたら喜んでいただけたようです。

内野先生の功績だろう、勝手ながらそう思いました。図書館を信じて司書を育てようとしてくださる市民、これも掲載するには過分な言葉もあり恥ずかしいのですが、修正なしで載せました（漢字表記を除き）。

まさにこれこそ図書館応援団ではないでしょうか。市民が自分のまちの図書館を誇りに思う。このことが市民に応援団になってもらう第一条件だと思います。

ちなみに、この話に出てくる店主は、拙著『塩尻の新図書館を創った人たち』（ほおずき書籍）で紹介させていただいた中村明博さんです。

この店には、塩尻時代、遠方からの客人を何度も案内しました。塩尻市を離れて3年半経った頃に、この店で私のラジオ番組の公開収録を行いました。

図書館応援団は、まずは図書館員が市民や店舗やグループ等を応援することに、その萌芽があるような気がします。

図書館員のフィールドワーク

舟田　彰
（川崎市立宮前図書館）2015.6.8 放送

図書館については、最初は社会教育施設の一つを見るというミッションであって、そんなに長くいるようなつもりはありませんでした。公民館でいろいろ見てきた地域課題だとか生活課題だとか、そういったものを講座として市民の方に提供していく中で、本を使ったり情報を使ったり、これが図書館でも活かせるということがわかった瞬間に、図書館って即効性がありますし、すごくその辺のところが面白く、ズズズっとハマってしまって図書館10年目という状況にあります。

地域を歩いて地域を知るというフィールドワーク的なことが私は好きでして、とにかく地に入って地の人間になるくらい、徹底的に気に入ったところは調べるという人間です。

同じ教育委員会の部署ということで公民館勤務を経験された図書館員は少なくないようです。公民館出身者の強みは何と言っても「フィールドワーク」。どちらかと言うと、カウンターで来館者を待つスタイルの図書館員に比べ、公民館職員は暇さえあれば、とにかく地域を隈なく歩き、また地域住民との交流の機会の多さも図書館職員とは比較になりません。私も鹿嶋市役所の職員時代、公務としてではなく、一地域住民として公民館活動に長らく関わってきていますが、それでも地域を知るというのは大変なことです。

舟田さんは公民館経験者ということもあり、地域課題や生活課題への関心が図書館員に比べ非常に強く感じられました。今では認知症に優しい図書館づくりの実践者として知られる存在です。

図書館サービスは、まずは図書館員が地域課題を把握するところから始まるということを、舟田さんはメッセージに込められたのだと感じました。「まずは地域に出ましょう」と。

出会いはアメリカの図書館

岡野　知子
（東久留米市立図書館）2015.6.15 放送

アメリカに行ったわけではないんですけれども、私が図書館員を志す出会いとなったのはアメリカの図書館です。この町で生まれましたが、学校や地域には図書館がなかったんですね。アメリカの図書館に出会った時にすごく感動しました。若い時は、自分が自由に生きていくにはどうしたらいいのかということをずっと考えていました。やはり人それぞれが生きていくためには、また、この町（社会といいますか）としても、自由な社会であるために必要な機関としての図書館の存在に感動しまして図書館員になりました。

この番組に出演いただいた方が「自分の住む地域に図書館がなかった」と発言されるのは

稀なことで、岡野さんの発言は妙に印象に残りました。番組でたびたび言うのですが、私は公共図書館のないまちに生まれ育ちました。公共図書館ができたのは社会人になってからです。小学校ではそれなりに図書館の本は借りましたが、豊かな読書体験という記憶はありません。中学（学校司書はいませんでした）から大学までは図書館とは全く無縁。図書館のヘビーユーザーとなったのは大学院生になってからでした。もっとも、読書嫌いなわけではありません。本は借りずに買って読む主義というだけのことです。それは今も全く変わっていません。

もう一つ、アメリカの図書館との出会いが図書館員を志したきっかけになったとの発言も気になりました。岡野さんはアメリカに行ったわけではないと話されているので、多分、本か何かでアメリカの図書館を知るに至ったのかもしれません。私も同様で、大学院の授業のテキストとして出会った『アメリカ公共図書館史』（P.ウィリアムズ／著、原田勝／訳）にインスパイアされました。岡野さんが市役所職員となり、図書館員として20年余のキャリアを積み重ねていたころ、大きく出遅れて私はこの本を通じてアメリカの図書館に出会いました。既に43歳になっていました。それから5年後、日本図書館協会が公募したホーナー交流基金の研修生に選ばれ、３週間余アリゾナ州図書館協会に派遣され、実際にアメリカの図書館（アリゾナ州の公共や大学図書館）を見学する機会に恵まれ、日本の図書館との違いをまざまざと感じました。

「アメリカ社会に役立つ図書館の十二か条」というものがあります。図書館員ならば知らない人はいないでしょう。この中の「8．図書館はコミュニティをつくります」は、特に時間をかけて大学の授業で学生に伝えます。「人びとは図書館に集まって、芸術やメディアから情報を得、経験したこと、体験できたことをおたがいに共有し、コミュニティのことを議論したり、遊んだりします。（後略）（＊）」。アメリカの図書館を巡るたび、この「コミュニティ」というものをしみじみ感じました。それは、来館者を迎える図書館員の所作、館内でくつろぐ利用者さんの表情、館内に掲示された各種広報物など、私が訪ねた図書館はいずこも日本とは違っていました。

２０１５年5月、岡野さんから招かれ、東久留米市立図書館で講演させていただいたことがあります。本当に多くの参加者が見え、後方には立って聞かれていた方がいました。講演後、参加されていた古書店主、弁護士、ジャーナリスト、図書館協議会委員などと1時間ほど親しく話をすることができました。そして、この邂逅《かいこう》が縁で、フェイスブックで繋がっている方が何人かいます。一般市民向けの講演会で、この時ほどたくさんの市民と繋がったことはありません。全国いろんなところで講演をさせてもらっていますが、図書館がコミュニティをつくっているなぁと痛感しました。とてもアメリカ的な雰囲気があったのです。

アメリカの図書館見学に行ったのはクリスマスが近い12月初めでした。ある図書館の玄関を入ってすぐのところに1枚のポスターと、その真下に箱が置いてありました。そのポスターには「HELP YOUR COMMUNITY　Please donate」と大きく文字が書かれ、ツナ、ピーナッツバター、クラッカーなどの援助を、とありました。この「YOUR COMMUNITY」との表現に巡り合えたことはこの研修の最大の思い出です。

(＊) 竹内悊 編・訳『図書館のめざすもの 新版』日本図書館協会　2014年

課題が山ほどあるっていうことは実はワクワクすること

子安　伸枝
（千葉県立中央図書館）2015.7.6 放送

いろんな研修に出させていただくと、課題の方がたくさん目につくなというのがあるんですね。いままでやってきたサービスの在り方ですとか、そういったことを考え直さないといけないのかなぁって課題として思うんですけれども、課題が山ほどあるっていうことは実はワクワクすることなのかなぁと、最近、いろんな方のお話を聞いて思えるようになりました。

斎藤惇夫さんという児童文学作家の話を聞いたときのこと。斎藤さんがアメリカの図書館を見に行かれた時に、やっぱり日本はあまり図書館が良くないと言ったら、向こうの図書館員が何てすばらしいことなんだろう。これから開拓する余地がたくさんあるね、っておっしゃったという話を聞いて、あぁそうなのかって、最近沁みてきました。

「課題が山ほどあるっていうことは実はワクワクすること」とは素晴らしい表現ですね。課題は教えられることも多くありますが、自ら見つけること、見つけようとすることが大切だと思います。

島崎藤村の言葉に「人の世に三智がある　学んで得る智　人と交わって得る智　みづからの体験によって得る智がそれである」があります。学ぶとは課題の解決であり、また学ぶことで新たな課題が生まれます。図書館現場はまさに終日、人と交わる場であり、人類の叡智に包まれた場でもあります。ワクワクしないではいられません。

ワクワクしながら仕事をしている図書館員がいるところは、書架に並ぶ本の表情も豊かです。４５０館余の図書館めぐりをしてたどり着いた、これは真実の一つです。

公共図書館と他館種との連携

永利　和則
（福岡県小郡市立図書館）2015.7.13 放送

小郡市立図書館は、「親しみやすく、入りやすく、いこいとやすらぎのある図書館」というキャッチフレーズといいますか、そういうコンセプトでサービスを行っています。全ての市民の方へのサービス、これは生涯学習の面からですけれども、それと教育委員会の一つの部署ですので、全ての学校をサポートするということで、小学校、中学校、それから市内の高校、そういったところまで含めてコンピュータネットワークで繋がっていて、本の貸出とかを積極的にやっています。普通は自治体が違いますから、県立高校は福岡県がやりますので、サービスというのはなかなか難しいのですけれども、その垣根を取っ払って一緒になっていろんな研修などをやっています。

小中学校のみならず、市内の県立高校の図書館までコンピュータで繋がっていると聞いたときは正直驚きました。さらに県立高校と一緒になって研修も行っているというのです。まさに理想的な環境をつくられています。

学校図書館との連携業務は、小郡市立図書館内に設けられた小郡市学校図書館支援センターが担当。所管する学校図書館は、小学校が8校、中学校が5校、高等学校が2校、そして看護専門学校1校を守備範囲としています。小郡市埋蔵文化財センターの実物貸出セットや中学校国語教科書掲載図書セットなどの貸出しを行うなどの活動を行っています。現職時代、ここまで取り組むことはできませんでした。図書館のポテンシャルが広く理解・認知され、また、そうなる前提としての人的な交流がなされている証左だと思います。

スタッフへの気配り通信

前田　小藻
（中央区立図書館） 2015.8.31 放送

スタッフの管理という立場から、月1回、自分で図書館通信のようなものを作って、それをスタッフ向けに発行しています。一面は中央区でこんなまつりがあるよといった地域のことだったりとか、あとは図書館について、最近だと図書館の自由ってこういうことだよねと、いろいろ多岐にわたるんですが、そういうイメージのものと、ちょっと季節の本の紹介をしたり、一ヵ月でこういうニュースがあったよね、とちょっとまとめて、私のつぶやきが最後に入っています。

この話を聞いたとき、鹿嶋市役所の人事課時代を思い出しました。詳しくは拙著『図書館はまちのたからもの』（日外アソシエーツ）をお読みいただきたいのですが、人事課に異動早々に役所初の職員報（B４両面刷、二つ折り）を創刊したのです。勿論、やりたいからと言ってできるものではありません。ちゃんと起案し決裁を受け、上司の了解のもとでの創刊です。発行頻度は月1回。前田さんが編集している図書館通信と同じようなコンセプトで、しかも編集に携わるのは私一人。たかだか広報紙で市職員のモラールが高揚するなんて思っていませんでしたが、勤務する自治体のことを共有し、共感して行動する組織風土の醸成の一助になれば、と頑張りました。見たこともない職員報の誕生に、同僚からは好意的な声をかけてはもらえましたが、結果としては、私の個人的な思いが先走りし失敗に終わりました。苦い思い出です。

とはいえ、広報好きな私は、塩尻市立図書館でも、またまた始めてしまいました。鹿嶋での失敗を教訓に、個人的な思い入れは極力排除し、かつ時間をかけずに作ることを絶対条件にしました。

始めたのは「図書館協議会通信」。月1回発行することで、頻繁に会議を招集できない協議員さんに図書館の利用統計や図書館に関する情報を伝えるのが目的。これはスタッフにも回覧しました。いわば簡易なスタッフ報でもありました。

図書館は自治体によっては複数の分館を有し、勤務時間も複雑。かつ正規職員と非正規職員、カウンター業務のアウトソーシングなど、スタッフの人事管理がきわめて難しい職場です。その意味では、一般利用者向けの「図書館だより」も大切ですが、スタッフ向けの広報も必要なのではないでしょうか。

コモノトモ

2017.6
3号

― 日本の滝 1oo 選 ―

関之尾滝

行ってきました

< 関之尾滝《せきのおのたき》 >

約34万年前の巨大噴火の時に噴出した加久藤《かくとう》火砕流堆積物にかかっている滝

幅：約 40 メートル、
高さ：約 18 メートル
霧島ジオパーク
ジオサイト No.43

滝の上流には大規模な甌穴群があり、
1928 年に国の天然記念物に指定されました。
※甌穴（おうけつ）
川の浸食によって生じた円形の穴。ポットホールともいう。

伝説・伝承

約 650 年前、庄内一の美女 お雪が都城島津家初代領主の北郷資忠に酌をした際、緊張のあまりにお酒をこぼしてしまいました。
このことを恥じ、お雪は盃を持ったまま滝壺に身を投げました。
お雪の恋人 経幸はその死を悲しみ名前を叫ぶと、盃が浮かんできたそうです。
それから毎年、滝壺には朱塗りの盃が浮かぶのだといわれています。
―供養行事『お雪さんの盃流し』：7 月第 3 土・日―

前田さんが作られているスタッフ向け「図書館通信」

収録後、前田さんが作られた図書館通信を早速送っていただきました。とても読みやすく、気配りが感じられるすばらしい紙面でした。

ちなみに、前田さんは現在、平成30年春ごろに開

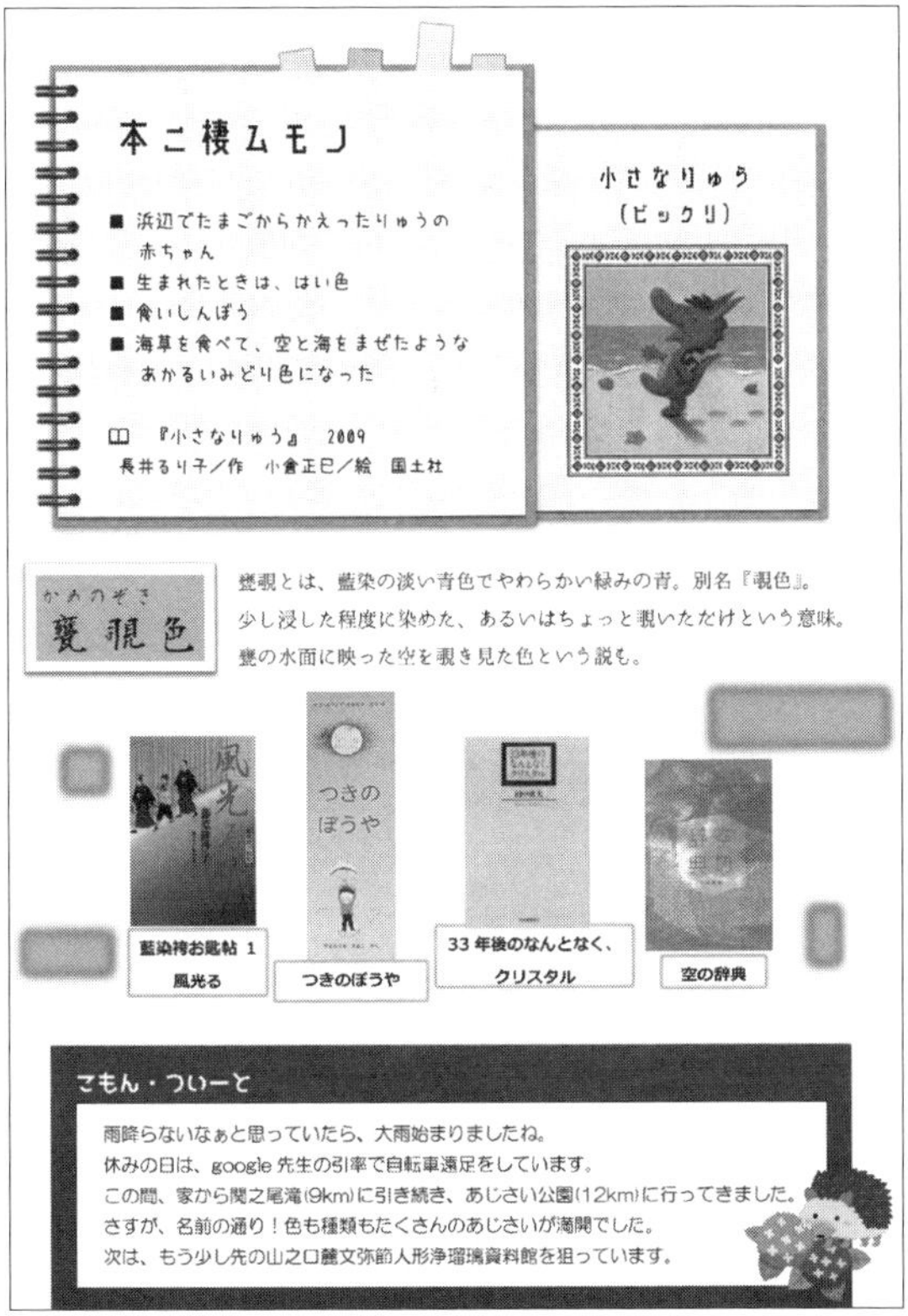

前田さんのつぶやき「こもん・ついーと」も入っている

館予定の図書館づくりのため、東京を離れ宮崎県内で働いています。前田さんのつくるスタッフニュース『コモノトモ』は、友人、前の現場スタッフへの配布は変わらず、現在の図書館スタッフにも見てもらっているとのこと。素晴らしいことだと思います。

地元商店会との連携

三浦　なつみ
（江戸川区立葛西図書館）2015.9.14 放送

葛西図書館は、地名ではないんですけれども、「三角」というバス停の前に建っていて、三角商店会というのが近くにあるんですね。商店会のお店を図書館で紹介する企画を考えていま進めています。

商店会のお店の人のお薦め本を置いたりとか、あと、私たちが見ていて楽しいのが、お店の創業時の写真をお借りして展示をしたりとかするんですね、時代の移り変わりが写真とかで見られるので、すごく面白そうな展示になっています。あと、近くなんですが意外と知らないお店とかもわかったりして、お薦めの商品とかも聞いているので、図書館に来たついでに地元も見てほしいと思っていろいろ企画しています。

この話を伺って、早速、葛西図書館を訪ねました。葛西というと、東関東自動車道路から見る近未来的なまちというイメージがあり、実際に葛西図書館前でバスを降車したときは、あまりにも「三丁目の夕日」的なまちの様子に驚きました。茨城の鹿嶋ですら閉じてしまっているところが多い鮮魚店、食堂、自転車屋などの個人商店が並ぶ商店街がそのまま残っていたのです。東京の、しかも葛西で。

商店会のお店を図書館で紹介する企画ポスター

決して大きくない商店会を歩くと、お店のウインドーに図書館のイベントのポスターが貼ってありました。こうして各店舗に同じポスター、しかも図書館の作ったポスターが貼ってある光景を見るのは初めてのこと。ものすごく感動しました。

郊外の図書館にあっては、この企画は難しいかもしれませんが、商店会の中にある図書館であればこそできる企画です。商店会のお店の人のお薦め本を置くなんていう発想は現職時代の私にはありませんでした。

講演会で、この葛西の取り組みをよく紹介します。奈良県内の講演でこの取り組みを紹介したところ、早速、飛びついてきた館長がいました。私と同じく目から鱗だったようです。元々地域との繋がりを大切にしている館長だったので琴線に触れたようです。

地の利を活かす

是住　久美子
（京都府立図書館） 2015.9.21 放送

お向かいの京都市美術館、隣の京都国立近代美術館とは前々からですね、展覧会の図録をいただくといった、そういった関係はあったんです。そこで、もうちょっと一歩進めて連携したいというような思いがありまして、展覧会の内容のテーマに合わせた展示を図書館でも行って、チラシを作ってですね、展覧会の会場に置いていただいて、よりこの世界を図書で深めてみませんかっていうような感じでご案内したりさせていただいています。展覧会を観て、やっぱり図書でも作品の背景ですとか作家のことをですね、より深く知っていただくと、美術に関する知識とか理解が深まって、お互いにとってとてもいい関係ができていくのではないかと思っています。

京都府立図書館のロケーションは国内屈指と言えます。京都市美術館、京都国立近代美術館、そして平安神宮もすぐ近くにあり、図書館好き、美術好き、神社好きにとって夢のような場所です。

都道府県立図書館や、県庁所在地の公共図書館は、概ねこういった文化・芸術施設や公園、城址などが至近な距離にあり、京都府立図書館のような取り組みはそれなりに行われているかと思います。

私は博物館や美術館が近くにある図書館に行くと、その施設で行われた図録のコレクションに期待してしまいます。同じ自治体の管理ならば、博物館・美術館のミュージアムショップで扱っているグッズを図書館で扱えないものかと常々思います。勿論、同じ規模を求めるものではなく、ポストカードやクリアケース程度は図書館で扱ってもらえると、訪問記念に購入する人はそれなりにいるのではないか、というのが私の考えですが、いかがなものでしょうか。

図書館とは人間を知る場所

嶋田　嘉一郎
（塩尻市民）2015.9.28 放送

私は今の図書館ができてくれたということで最高に喜んで拍手しているんですよ。それっていうのは、二日か三日にいっぺんは図書館に行くようになりましたし、子ども連れの市民が圧倒的に多くなりましたね。皆さん明るいですしね。図書館員の方も私がとんでもない本のことを言っても、すっと在り場所が言えるみたいな、プロフェッショナルな部分があり感激しています。私は図書館がいま生活の一部になりつつあるといいますか、楽しく付き合わせていただいている、そんな状況です。

新館が開館する前に比べて、行き会う人ごとに、年寄りにも「ちょっと図書館行けよ」って言う声のかけ方は多くなりました。そういう意味では、図書館を応援しているとは思います。我々が思うのは、図書館が地についてきたかなって気がしますね。

どこか公務員さんの偉い人がやっている感じは訪れて全然ないです。

　全国から研修というか見学に来た方が、図書館の方をつかまえてというよりも、入口あたりにいる私が本を借りに行ったりしていると、私どもに聞いてくるわけですよ。「どうですか？」「今日はどんなふうに利用されるのですか」とか。そうすると困っちゃうわけですよ。何と話していいか。塩尻市立図書館を見に来た人は利用されている方の状況を知りたくて聞いてくるような気がするんですね。おばあさんとかいろんな人たちも声をかけられてびっくりしているシーンが最近ありますね。

　ラスキンという文芸評論家の『胡麻と百合』という有名な本があります。その中に、本ってのは、開けば誰とでも行き会える。身分の隔たりも一切ない状況に直ぐ入れる、とあります。本の魅力ってのは、世界のどんな知恵者とも目の前で話ができる。そんなようなことが書いてある一文があるんです。本は人っていうものを知る最大の入り口だろうと思っているんですよ。だから図書館のありがたさを本とか知識とかじゃなくて、私はもうちょっと広い意味で人間を知る場所に利用してくれたら、と思っています。

新聞や雑誌で図書館特集が組まれると、塩尻の図書館がよく取り上げられます。立ち上げに関わった一人として、こんな嬉しいことはありません。

私は拙著『塩尻の新図書館を創った人たち』でも書きましたが、図書館の評価者はそのまちの市民である、と思っています。そのまちの市民が「うちのまちの図書館ってそんなに全国に知られているのですか」と驚かれるようでは、どんな先駆的な実践も、満点の評価にはならないと思います。図書館は公共サービス機関である以上、多くの市民に使われなければならないし、図書館の持つさまざまなポテンシャルを市民に知ってもらわなければなりません。とはいえ、市民ファーストと言って、社会教育施設であることを忘れるような選書やサービスをして来館者を増やしても如何かと思います。

まずは何より、図書館サービスを知ってもらうこと。そのために何が必要かと言えば、市民と繋がることが最優先だと考えます。そして、図書館っていいところだよ、と市民が未利用者に声をかける。こうして敷衍《ふえん》していくことが評価であろうと考えます。

ちなみに、塩尻での行きつけのバー「しもだはうす」のカウンターの端っこが私の「定席」でした。この席の右側に必ず座られるのが嶋田さんでした。このバーは私の席だけではなく、図書館のイベントポスターを貼ってくれる「定席」もありました。まさに市民に支えられた図書館なのです。

永井叔と菅野青顔

千田　基嗣
（気仙沼市本吉図書館）2015.10.12放送

気仙沼の図書館に石碑があります。それと、図書館長室に掲げられた額もあるんですが、そこにこんな言葉が書いてあるんです。「図書館へ行く道をきいている あのおじさんはきっと 好い人にちがいない！ 気仙沼と全世界の図書館さまへ」。これ、なかなかいい言葉だと思いませんか。放浪詩人・永井叔《ながいよし》の詩。気仙沼の戦前戦後の初代専任館長の菅野青顔《かんのせいがん》って男がいるんですね。その幅広い交友関係の一人なんですがね、菅野青顔のところで酒をたらふくご馳走になって、酔ったついでにさらさらと書いた書ではないかと思うんですけれど。

恥ずかしながら、永井叔という詩人を、この収録時まで知りませんでした。永井叔（１８９６

年1月29日－1977年）は、日本の詩人。「大空詩人」と称してバイオリンまたはマンドリンを奏でながら自作の歌・童謡・讃美歌などを歌って喜捨を求める行乞《ぎょうこつ》の生活を送った、とあります（＊）。

また、菅野青顔（明治36年―平成2年）は、図書館長を務めただけでなく、『三陸新報』の1面コラム「万有流転」を35年間にわたって執筆。『菅野青顔の万有流転』（三陸新報社）上下巻で読むことができます。

菅野青顔の人となりについて、2016年4月15日の『三陸新報』によると「市民が疑問に思うことを解決できる館であること」「来た人には不自由ないサービスを提供すべき」などの信念を持ち、図書購入費が少ない現状を打破するため、企業文庫を創設。自身が持つ本を寄贈することも怠らず、蔵書の充実に力を注いだと。図書館人の一人として襟を正さずにはいられません。

こういう話を聞くと、図書館ってやっぱり役所の中では特別な場所であり、特別な人がいることで、そこにまた特別な人が吸い寄せられるように現れる。そんな場所なのではないか、としみじみ感じました。

（＊）https://ja.wikipedia.org

人好きな集団

中村　直美
（愛知大学図書館）2015.11.16 放送

私は大学の事務職員として採用され、人事異動でそれまで経験がない図書館で勤務をしています。図書館勤務となったばかりの頃、図書館の知識がなくどのように仕事を進めてよいのかわかりませんでした。そういう時に頼りになったのは、一緒に働く図書館員であったり、他の大学の図書館員であったり、近隣の公共図書館の方々でした。皆さんからは図書館の仕事だけでなく、図書館員としての姿勢や態度を教えていただいたと思っています。それは（7年経った）今も変わりません。私と同じような立場の方がいましたら、たくさんの図書館員の方々と繋がり図書館活動の情報を共有することや図書館のことを教えてもらうことをお勧めします。最近、図書館員の方々から「繋がる」「繋げる」という言葉をよく聞きます。これまでの自分自身を振り返ればそのとおりです。多くの図書館員の方々と「繋がる」ことができたから、これまで図書館で楽しく働くことができましたし、図書館で過ごすことが好きになりました。これからも多くの図書館の方々と「繋がり」、図書館で働き続けていきたいと思っています。

25頁の豊山さんもこだわっていた「ツナガル」という言葉。本当に図書館員は「繋がる」ことで、自分の仕事の精度を高めることはもとより、プライベートでも充実した図書館員ライフを送っているように感ぜずにはいられません。

講演で訪ねる先々では必ずといっていいほど図書館員が宴席を設けて待ってくれています。斯界には「おもてなし隊」なるものが各地にあって、遠来からのゲストとの交流を楽しむレポートがしょっちゅうフェイスブックに流れています。私はおもてなし隊にはあまり縁はありませんが、岐阜県多治見市に知人の館長を訪ねた際、岐阜や愛知、遠くは長崎から宴の席に集まってくれました。この日は、公共図書館と大学図書館が半々だった感じです。その中のお一人に中村さんがいました。違う館種がこうして集う図書館という世界は、まさに人好きの集団と言えます。

生来、群れるのが嫌いな私が、行く先々で群れの中にいるっていうのも不思議な話ですが……。

元気を届ける

大林　正智
（田原市図書館）2015.12.28 放送

田原市の図書館の特徴を三点にまとめてみました。

一つ目は、外に出ていく図書館ということですね。移動図書館も勿論やっているんですけれども、移動図書館が市内の18の小学校を巡回して、子どもたちに本を届けているというのと、あと一つ、「元気はいたつ便」という事業をやっておりまして、市内の高齢者の施設に本を届けたりとか、訪問サービスといって、回想法とかパフォーマンスをして元気を届けようという事業をやっています。

二つ目は、館内のことなんですけれども、図書館に来てくれた方を退屈させないというような、いつも何か変わったことをやっているような、この間、館内の展示を数えてみたらですね、20ほどやっている。どこになにがあるのか大丈夫なのとよく言われるという、そんな感じで館内をいつも賑やかにしている図書館ですね。

もう一つはですね、地域の特徴と絡めてなんですけれども、渥美半島をふしぎ文学半島と見立ててですね、ふしぎ文学半島プロジェクトというものをやっていたりします。田原市出身の幻想文学作家というかエッセイを書かれたりしている泉名月さんという方がいらっしゃる。その人を顕彰するということでコーナーを作ったり、幻想文学にまつわるイベントをいろいろとやったりしています。

また、田原市図書館は、来てくれた人はもちろんなんですけれども、来ていただけない方にも図書館の楽しさや面白さなんかを知っていただこうと思って、フェイスブックやツィッターで常に情報発信をしております。Ｒｏｃｋ司書のコラム「Ｒｏｃｋはもう卒業だ」もときどき載りますので、来られなくても楽しんでいただけたらいいなと思います。

田原市図書館は２０１３年９月に図書館主催の講演会の講師として訪ねました。この日の様子は大林さんと私で編集した『ラジオと地域と図書館と』で、大林さんが書かれています。どうも私は大林さんに「待たれていた男」だったようです。

とにかく館内を歩くと学ばされることの多いのが田原市図書館。ボランティアさんのルームで図書館の除籍本が販売され、その売り上げが図書館に還元されるというシステムは多くの図書館に学んでほしいシステムです。

大林さんが2点目に触れていた「館内展示」は驚くばかり。とにかくウェルカム感が満ちている図書館です。豊田館長はじめ、スタッフの皆さんのおもてなしが随所に感じられ、また各種サービスに活かされているのが伝わってきます。

そして、図書館の公式フェイスブックにアップされる「Ｒｏｃｋはもう卒業だ」は斯界では知る人ぞ知る人気コラム。私もファンの一人です。

図書館に来られても、来られなくても楽しんでほしいというワンダーランドのような図書館です。

ちなみに、２０１７年5月に、講演会の講師として田原市図書館を再訪しました。今回は初日が図書館員対象で、翌日が一般市民対象の講演会でした。市立図書館を会場に二日連続の講演会というのは初めての経験でした。

おもちゃ箱をひっくり返したみたいな図書館

高橋　将人
（南相馬市立図書館）2016.1.25 放送

図書館の本棚の中にガラスのショーケースがあるんですけれども、そのショーケースをどうやって使おうかなって考えていた時に「僕、こういうもの持っているから、もし良かったら、ひととおり説明を書いて展示とかしてみたいんだけど」という話をいただきました。「ぜひ」ということで、本棚の中にミニチュアカーだけでなくて、クルマのポスターが置いてあったりとか、関係するＣＤが置いてあったりとか、本だけに限らずいろんなものが一つの棚の中にコーナーとして入ってきている。わかりづらいと言えばわかりづらいかもしれないけれど、よく市民の方からは、おもちゃ箱をひっくり返したみたいな図書館で、たからものがあちこちにあって探すのが楽しいって言っていただけるのが嬉しいです。

また、南相馬ひばりＦＭで「図書館へ行こう」という番組を持っております。10分間の番組で、１週間に何度も同じ番組が流れるんですけれど、図書館のイベントのお知らせが多いんですが、それ以外にも図書館の本を使った小話といいますか、図書館で漫画本を置くのはどうなのかとか、もう一人の職員と私で一緒にやっています。

高橋さんは私のラジオ番組に何度も出演されています。また、地元である鹿嶋市立図書館を除くと、これまで３回講演したことがあり、先述の田原市図書館と並び非常に縁のある図書館です。

とにかく、館内に足を踏み入れると、むちゃくちゃ楽しいと感じる図書館はそう多くはありません。「おもちゃ箱をひっくり返したみたいな図書館」とは、絶妙な表現。この図書館の設計者のコンセプトと収集された資料がベストマッチというところが、ワクワクが止まらないとなるのかもしれません。資料の面出し（表紙みせ）や、ミニカーもビジュアル素材として効果的で、全国から斯界の見学者が絶えない図書館であることは頷けます。

初めて伺った２０１５年11月、南相馬ひばりＦＭで「図書館へ行こう」にゲスト出演させていただきました。実はこれを契機に訪問先のラジオ出演が増えるかな、と期待していたの

クルマの本の棚にはミニカーが展示

ですが、残念ながらそうはなっていません。広報のツールとして、図書館がもっとコミュニティFMを上手に使われるといいなと感じています。その結果、「日本一コミュニティラジオにゲスト出演した図書館人」と自慢しようと、密かに狙っているのです。

図書館を通じて人の輪が広がる

坪野　賢一郎
（和歌山県立紀南図書館）2016.2.1 放送

図書館はとても面白いですね。まず、私は図書館には全くの素人でした。図書館の魅力を伝導する方々の著書を読ませていただいて、これは先進的な図書館を見なければならないと思い、今数えてみましたら、3ヵ月間で県外の16の図書館を訪問しました。その都度、そこに勤めている方々からいろんな影響を受けますし、友達にもしていただきましたし、人の輪がまず広がった。図書館を通じて人の輪が広がるという素敵な出会いがあったということですね。

県立紀南図書館が情報交流センターBig Uに移転してから10年になるんですけれども、年間来館者のピークは3年目で18万人でした。その後7年間で8万人減ってしまったんです。42％も来館者が減っているんですね。原因は何だろうと考えた時に、建物の魅力で人を呼び寄せられるのは3年から5年が限度だと。その次は図書館本来の魅力を打ち出していかないと皆さん来てくれない。そして、それは何なのかという時に、それは人である、と私は思ったんです。図書館に勤める人であったり、利用者であったり。その人と人を繋ぐのが図書館だというふうに考えて、図書館の認知度を高めようと新たに四つほどの企画に取り組みました。その結果、12月末の統計で昨年度より3500人増えている。4％の来館者増になっています。特筆すべきは、新規登録者数が15％増えている。今まで右肩下がりだったのが、やればできるんだなぁ、と思いました。

県外の図書館で学んできたことを取捨選択して、うちでもできることをまず真似てみよう、それをアレンジしよう、そういうところから始めてみました。

ランガナタンの「図書館は成長する有機体」という言葉がありますが、まさにそのとおりだと思います。その成長する有機体は図書館じゃなくて、図書館に勤める人、図書館を支える利用者、そして書籍、これが相まって図書館っていうのは成長していくんだなぁって実感しています。

県立高校の先生から図書館長になり、図書館にハマり、ランガナタンまでラジオのトークにスラスラと出てくるなんて、とても素敵だと感じました。図書館を学ぶには、図書館や関連領域の著作に数多く目を通すのはもとより、より多くの現場に足を運び、良いものは持ち帰って早速検討すること。また、接遇など気になったことは反面教師として真摯に学ぶことで、予算や人員に頼らずに図書館改革ができるものも少なくありません。坪野さんの話を聞いていると、まさにそのことを実践され、そして結果を出されているようです。

私が初めて和歌山県那智勝浦町を訪れ、町立図書館で講演をしたときに、会場に来られ、その後の懇親会の場で親しく言葉を交わさせていただきました。その後、文部科学省と筑波大学主催の新任図書館長研修の講師を務めたときも、参加者の中に坪野さんの姿を見つけました。

図書館の世界って、私もその一人であることは自覚していますが、異動して早々にハマってしまい「爆走」する人がけっこういるのです。「図書館病」という病は感染性も強いので要注意です。

独立系ライブラリアンとして

山本　みづほ
（独立系ライブラリアン）2016.2.22 放送

独立系を名乗っている人が国内に４名おりまして、札幌に私のお友達の司書教諭で同じ時期に辞めた方が１名。東京には大学図書館を定年退職された方が独立系図書館員、そして名古屋にもインディペンデント・ライブラリアンということで、医療系の司書をされている方が１名。もうすぐ仲間がまた増えるのではないかという話もありますが。何の組織でもないんですけれど、名乗れば誰でもなれるんです。

独立して図書館のことをやっていくというのは、これから先に必要になってくるのではないかと思います。

本書が発行される頃はどうなっているかはわかりませんが、山本さんはじめ４人しかいなかった独立系を名乗るライブラリアンは恐らく増えているだろうと思います。もっとも、独立系ライブラリアンの厳格な定義があるわけではなく、組織に属さず、図書館とさまざまに関わる仕事をしている点では、私もその資格を有していることになります。よって、山本さんが言うとおり「名乗れば誰でもなれる」のです。

私は２０１７年2月から名刺を一新しました。それまでの名刺は非常勤講師または嘱託講師を務める大学名を列記したものでした。講師として呼ばれた会場に掲出された垂れ幕の肩書には、塩尻市役所を退職した年は前塩尻市立図書館長というのもありましたが、多くは松本大学松商短期大学部非常勤講師でした。フリーランスになって3年目には出講する大学が3校になり（4年目には5校）、主催者から「肩書はどう表記すればよろしいですか」と、たびたび聞かれるようになりました。変な答え方なのですが「お好きにどうぞ」と返すと、多くは常磐大学等非常勤講師となりました。茨城県在住なので、水戸市にある大学が一番わかりやすいということなのでしょうか。

そんな時、独立系司書教諭やらインディペンデント・ライブラリアンなる肩書を名乗る人と知り合い、非常勤講師を名乗る自分に徐々に違和感を覚えるようになったのです。

私は図書館のために何をしているのか。単刀直入に言えば、「一人でも多くの方に図書館サービスを知ってもらい、そして利用してもらうこと」です。そのために、求めに応じ、図書館員や一般市民向けの講演で講師を務め、図書館と本に関するラジオ番組のパーソナリティを務め、そして誰もが気軽に読める図書館に関するエッセイ（図書館によってはエッセイではなく図書館情報学として分類）を書いているのです。大学の非常勤講師の仕事はこの目的とは違います。未来の優れた図書館員を育てる仕事です。

では、「講演＋執筆＋ラジオ」と「大学」を比較してどちらが仕事として費やす時間が多いかといえば前者です。では、その前者の仕事を総称する名称は何かと自問すると、なかなか妙案が浮かばずにいました。そしてある時、知人の女性が「ライブラリー・コーディネーター」を名乗っていると知り、これをヒントに「ライブラリアン・コーディネーター」なる言葉が浮かびました。この女性曰く、「ライブラリー・アドバイザーとも名乗ったこともあったけれど、アドバイザーって偉そうだしね」と。

講演でもラジオでも、そして本を通じても、私が相手に受け取ってもらいたいのは「元気」です。というか、そもそも優れた知見も、高い見識も持ち合わせていません。与えられるのは動機づけだけです。しかも、それはすべて実践に基づいたものです。

図書館員が元気になれば必ず良い図書館に変わっていきます。図書館が変われば、そこに市民がさらに集まり始めます。その結果、さらに、良い図書館へと成長していきます。

早速、２０１７年2月から、講演会のチラシに「ライブラリアン・コーディネーター」と書かれるようになりました。遂に私も独立系宣言しました。

正規職員として非正規職員のことをきちんと考える

村上　さつき
（大崎市図書館）2016.3.14放送

図書館で働いて12年になるんですが、正規の職員として大崎市で働き出して2年になります。それまでは委託のスタッフだったり、非常勤職員だったりして働いていてわかったのが、自治体によっては長く働けないという環境の方が多いんです。そうすると、司書として働き続けたいという人たちがなかなか育ちにくいというのが今の図書館界の課題としてあって、そういう人たちの働ける場所にしていくというのが、正規職員になったから終わりじゃなくて、正規職員になったからこそ、ちゃんと考えていかないといけないなと思っています。

本書を手にされた図書館関係者以外の読者の皆さんにはどうしても伝えたいのです。今、図書館の現場は多くの非正規の職員に支えられています。保育士や事務補助職員などの他の職種同様、自治体の正規職員に比べ、非正規職員として働く図書館職員は極めて劣悪な雇用環境にあります。特に図書館職員はフルタイムで働いている人の割合が他の職種に比べ極めて低いのが特徴と言えます（図書館職員21・3％、保育士40・0％、事務補助職員36・4％、教員・講師57・9％（＊））。こうした状況も、図書館の非正規職員は低収入と言われる所以です。また、非正規職員は、雇止めの問題や、育児休業、福利厚生なども正規職員とは雲泥の差があるのが実態です。

私は少しでも非正規職員の労働条件・環境の改善を図るべく、鹿嶋市でも塩尻市でも人事課と検討・調整をし続けました。図書館経営を任された管理職の務めと任じ、図書館のサービスがいかにキャリアに裏打ちされたものか不断に人事課や財政課等に訴えました。

村上さんの「正規職員になったから終わりじゃなくて、正規職員になったからこそ、ちゃんと考えていかないといけないなと思っています」との言葉には心打たれました。

（＊）総務省「地方公務員の臨時・非常勤職員に関する実態調査」（平成28年4月1日現在）
http://www.soumu.go.jp/menu_news/s-news/01gyosei11_02000078.html

県立図書館として何ができるか

阿部　早百合
（山形県立図書館）2016.3.21 放送

山形県立図書館にいるということを重く捉えておりまして、県立図書館として何ができるのかなと常に考えているところではあるんですね。やっぱり、県立図書館の基本というのは市町村支援というところに立ち返ると思うんです。今年から市町村支援を担当できるようになって、そこをもっともっと充実させていくにはどうしたらいいかと考えています。すごく皆さん悩みを抱えていらっしゃったりとか、いろいろ相談したいことがあるんだけど、今までなかなかできなかったこともあったみたいで、今は本当に一つ一つの相談に親身になって対応するよう努めています。例えば、タマシイ塾であったりとか、他の研修であったりとか、個人的に受けるような研修なども市町村の図書館の職員さんにご案内して、ぜひ勉強になるからどうですか行きませんか、とお声掛けさせていただいたりして、信頼関係を一つ一つ築いていっているところです。そのこともあって、他県の研修会にも市町村の図書館の方々が参加してくれるようになりました。

阿部さんと初めて会ったのは、２０１６年の2月、「タマシイ塾 in 南相馬」で講演したときでした。遠路、山形県から福島県まで来られ、私の講演を聞かれた後、「6月に行う予定の第67回北日本図書館大会山形大会の基調講演をお願いしたい」と挨拶をされたのです。これまで現職時代も含めれば１５０回ほどの講演をしていますが、講演直後にこうした形で依頼されるのはほんの僅かなことなので、とても印象に残るとともに、阿部さんの研修に懸ける思いが伝わってきました。

実は私が鹿嶋市役所の人事課の研修厚生係長だった頃、気になる演題の講演会を見つけては、休日でも県内外の会場に足を運び、職員研修の講師探しをしていました。その頃の自分とすごく似ている感じがしたのです。

講演を聞き終えた直後に、感想を伝えていただき、講演の日程調整が打診されるというのは講師にとってこれほど嬉しいことはありません。

こうした阿部さんの姿勢が県内の図書館員に伝わらないはずはありません。6月の第67回北日本図書館大会山形大会は例年にないたくさんの参加者を得て大盛況であったと聞きました。

どれだけ顔を売るか、図書館員って営業のセンスが求められるのは言うまでもありません。

図書館員は外に出て学んでほしい

小嶋　智美
（インディペンデント・ライブラリアン） 2016.4.4 放送

インディペンデント・ライブラリアン、かなり怪しい響きなんですけれど、決して怖くはありません。いたるところに出没すると思いますので、気軽に声をかけていただければ、と思います。それと同時に、私が出る場所にも図書館の皆さんには足を運んでいただきたい。外に出て学んでいただきたいな、と。勿論、現場での学びというものも、とても大きいのですけれども、現場にはないものの見方とか、図書館の中では絶対見られない図書館の姿というのが、外に出ると見えてきたりします。ぜひ、外で皆さんとお会いできたらうれしいです。

113頁の山本みづほさんが語られた独立系ライブラリアンのお一人。公式な人数ではないにせよ4人いる同胞のうち2人がこのラジオに出演していただいたということは、小嶋さんが「いたるところに出没する」と語っているように、私と小嶋さんの出会いはまさに想定もしていなかった岐阜県多治見市での「はじめまして」でした。この会は、旧知の多治見市立図書館の館長がお触れを回したようで、岐阜県内はもとより愛知県、長崎県（113頁の山本みづほさん）からも図書館関係者が集まってくれました。

そして、後はとんとん拍子に交流が続き、この番組の収録は鹿嶋のスタジオで行われたのでした。そういえば、山本さんも長崎から鹿嶋まで来られてのスタジオ収録でした。おそるべし独立系ライブラリアンの行動力です。ちなみに、スタジオへの交通費は実費です。

自分の勤務する図書館や帰属する自治体、あるいは勤務する大学など、少しでも良くしたいと思うのなら、小嶋さんの「外に出て学んでほしい」との言葉は深く同意します。外で学び、それを自分の図書館、しいては自治体や大学に還元する。それがめぐりめぐって図書館の評価を高めることになるのですから。

クルマの文化の深さを伝える

川島　信行
（トヨタ博物館）2016.5.9 放送

我々、車両以外の資料を取り扱っておりますので、そういったものを今後どうやって博物館で前面に出していくか、脇役じゃないんですよね。やはり１００年以上前の雑誌、そういったものは主役として博物館で展示・活用する。それ以外にも、ミニチュアカー、ティントーイ、カーマスコット、錦絵、ポスター、さまざまなクルマ以外の資料がありますので、そういったものをいかに博物館として出していって、クルマの文化の深さ、それから広さといったものをどんどん伝えていきたいと構想を練っているところです。

愛知県長久手市にあるトヨタ博物館を初めて訪ねたのは２０１６年２月。私がこの博物館に寄ることを知った友人が、どうせなら学芸員に案内してもらった方が有意義だろうと気を利かしてくれて連絡をとられたのが川島さんでした。忙しいなか丁寧にバックヤードまでも案内していただき、クルマ好きの私にとってこれ以上ない至福の時間でした。

古今東西のクルマを見るのがそもそもの目的でしたが、館内のライブラリーや閉架書庫まで案内いただき、その膨大なコレクションに圧倒されました。おりしも、のちの２０１６年９月に上梓する運びとなった『クルマの図書館コレクション』の執筆中で、貴重な資料をいただき、情報を教えてもらったことが、どれだけ執筆に活かされたことかしれません。書く勇気をいただいたと言っても過言ではありません。

クルマが見たくて行ったはずだったのに、そこは元ライブラリアン。大好きなクルマをよそに、すっかり当館のライブラリーにハマってしまいました。

その後、数回足を運び、入手不可と諦めていた当館の過去の企画展の図録も入手。我が家の書斎のお宝コーナーの一角に早くも陣取りました。また、当館オリジナルのトヨタ２０００ＧＴとトヨダＡＡ型乗用車（トヨタではなく「トヨダ」です）のピンバッジは、私の講演時の必須アイテム群の仲間入りをしました。

エンベディッド ライブラリアンという仕事

豊田　恭子
（広報エージェンシー勤務
エンベディッド ライブラリアン）2016.5.23放送

図書館の中で仕事をするライブラリアンだけではなくて、私みたいに企業の中でいろいろ調査をやったり、あるいは極端な話、在宅でデスクトップ調査をやったりというのもライブラリアンの仕事の延長だと思っています。そういう意味ではライブラリアンの仕事っていろんな可能性があるし、いろんな広がりがあるっていうことを、皆さんにもっと知ってもらえたらいいいな、と思っています。

私は図書館の中でも公共図書館しか勤務経験がないことから、依頼される講演会・研修会の受講者の大半は公共図書館員や一般市民です。関西では大学図書館問題研究会兵庫支部に知人がいる関係で、何度か大学図書館員と公共図書館員が合同で学習する場に講師として招いてもらったことがありますが、ほかではこういった機会は一切ありません。もっとも、私自身が講師ではなく研修生として、大学図書館員が集う場に出ていかないことに起因していることは言うまでもありません。

では、どうして豊田さんと接点があったのかといえば、２０１６年2月の「タマシイ塾in 南相馬」でした。図書館に勤めている人で「タマシイ塾」を知らない人は少ないとは思いますが、一般の読者もいると思いますので簡単に説明します。

「タマシイ塾」は２００９年に第1期が開講。「さまざまな意味で危機に瀕している日本の公共図書館を、真に社会が必要とする機関に変えるというココロザシを実現すること」とその目的を記しています(1)。私のラジオの出演者にも、このタマシイ塾の修了生はたくさんいます。

さて、企業内のライブラリーで働く図書館員とはどんな感じなのか。経団連のライブラリーに43年勤められた村橋勝子さんによると、「専門図書館、とりわけ企業等の組織内ライブラリーの職員は、社内の人事異動によって配属された人が少なくない。しかし、資料・情報を扱う専門図書館の仕事については、社内研修もほとんどない。上司や先輩も同様のケースが多いから、指導者を求めることも難しい。大学における図書館情報学や司書課程でも専門図書館について詳しい内容が教授されることは少ないので、図書館情報学を修め、新規採用された人も、十分な理解があるとはいえない。(2)」とのこと。

また、豊田さんの呼称にある「エンベディッド」という言葉も耳慣れない方が多いと思います。「embed」とは、あるものをなにかに埋め込む、という意味で、「エンベディッド・ライブラリアンとは、日常の業務において、図書館を離れ、利用者が活動している場から、利用者と活動をともにしつつ情報サービスを提供している図書館司書を指す。(3)」アリゾナ大学（当時）の鎌田均さんは言われています。

豊田さんは札幌に居を構え、主に東京のオフィスとのやり取りの中で、インターネットを活用し、英語を活かし日常の業務をこなしているとのこと。これもまた一つのライブラリアンの姿ですね。ちなみに、先の鎌田さんは私がホーナー交流基金の交換研修生として2004年に渡米した際、数日間お世話になった方です。図書館の世界は狭いですねぇ。

（1）豊田高広「変えるために学び、つながる〈公共図書館員のタマシイ塾〉第1期を終えて」『図書館雑誌』Vol.104,No.5, 2010年

（2）村橋勝子『情報便利屋の日記　専門図書館への誘い』樹村房、2016年

（3）鎌田均「「エンベディッド・ライブラリアン」：図書館サービスモデルの米国における動向」『カレントアウェアネス』NO.309, 2011年9月

明るい図書館であるために

村山　秀幸
（松本市中央図書館） 2016.5.30 放送

自分が楽しいと思うことが、そこに来られるお客さんたちも非常にわかっていただけると言いますか、やっぱり自分が変な顔をしてお客さんに対応していると、お客さんも楽しくない。明るい図書館をつくりたいなとも思いますし、最近は塩尻だとか安曇野だとか県立も含めて、お互いの研修に参加し合ったりしています。ぜひ、広域的な連携をとりながら、公立の図書館というものを盛り上げていきたいなと思いますので、そんなイメージで図書館を運営していきたいなと思っています。

図書館めぐりをしていて、図書館の第一印象を決めるのは、設計上、入館（室）して最初に目に映ることの多いカウンターにいる図書館員の姿勢です。会釈で迎えてくれるところもあれば、全く愛想のない態度に閉口する図書館も少なくありません。むしろ、入館して早々に良い印象を抱く図書館の方が残念ながら多いとは言えません。

これまでもあちこちに書いてきましたが、私が50歳の時に初めて訪ねた塩尻市立図書館は、とても印象の良い図書館でした。この時点で、私が数ヵ月後に館長に着任することを図書館員は知る由もありません。図書館員が会釈だけではなく言葉を添えて迎えてくれたのです。当時の図書館はお世辞にも恵まれた環境になく、狭隘で暗くて、視察者など誰も来ない図書館でした。しかし、職員の接遇一つで、利用者はどれほど気持ちよくなれるか、いきなり教えられたのが塩尻でした。

村山さんの言う「明るい図書館」というのはよくわかります。他部署から図書館に異動してきた方は特に感じるのではないかと思います。図書館員は決して明るくないのです。

カウンターに本を返却する際、資料に貼付されたバーコードをスキャナーで読み取りやすいように並べても、その行為に何らかの言葉を返してくれる図書館員は多くありません。どうしてでしょうか。私なら「ありがとうございます」とか「すみません」とか感謝の意を伝えます。当然のことです。ほんのちょっとした行為が、その図書館の印象をものすごく悪くしてしまうことを考えると、図書館員の表情や所作は真剣に考えなくてはいけない課題ではないかと思います。

以前、松本市内で図書館職員有志の会主催の研修会の講師を務めたことがあります。日中の勤務で疲れているにもかかわらず、松本市、塩尻市、安曇野市など近隣の図書館員が30人以上参加されました。こういったことも、村山さんの言う広域的な連携の証左の一つかと思いますし、訪ねた広域圏に対する印象も向上します。

全国の図書館を巡っていると、横柄な態度で応じられたり、怠惰な所作を見せられたりと、閉口することは珍しいことではありません。悲しいのは、こういった行為一つで、素晴らしい施設も、潤沢な資料も、そして頑張っている同僚の印象まで悪くしかねないということなのです。

「こんなひどい接遇をされたら、二度とあの図書館には行かない」という図書館利用者の言葉をよく耳にします。そうなってしまってからでは、もう取り返しがつかないのです。

図書館がないところに生まれ育ったら不公平

北村　志麻
（図書館パートナーズ代表）2016.7.11 放送

図書館は小さい時から当たり前にあったので、引っ越ししたら普通に電気、ガス、水道を替えるのと同じように図書館の登録カードも替えるという私にとっては知のインフラだと思っています。図書館は自分の生活の中からなくなったことがない。図書館とは一緒にいますね。

図書館がないところに生まれ育ったら、知らないまま育ってしまうのは不公平だと思うので、図書館パートナーズの最終的な目標としては、全国にある図書館の存在を守りたいというのがあるんですけど、社会保障費とかが増大する中で、図書館が単なる文化施設だと予算削減の対象となってしまうので、例えば、地方創生が図書館からできるみたいな図書館の存在価値を上げていきたいなと思っています。そのためにライブラリー・ファシリテーター仲間を増やしていって、いろいろな新しい挑戦をしていきたいな、と思っています。

２００９（平成21）年に公布・施行された公共サービス基本法という法律が図書館員の研修の場でどれだけ議論され、図書館現場でどれほど共通理解されているでしょうか。

北村さんは「図書館がないところに生まれ育ったら、知らないまま育ってしまうのは不公平だと思う」ときっぱり発言されました。公共サービスは公正公平でなければならないことは言うまでもありません。しかし、図書館の未設置自治体は町村では44％に上るのです。

北村さんが代表を務める図書館パートナーズは、ホームページによるとこうあります（*）。

「２０１２年６月、墨田区の公募により「プロジェクトリーダー養成講座」が開催されました。これは翌２０１３年４月オープンする墨田区立ひきふね図書館のために、図書館で何か新しいことをしてくれるボランティアを集めることが目的でした。

開館後、講座受講生を中心に、「墨田区ひきふね図書館パートナーズ」として同図書館を拠点に活動しています。

その後は各自がやりたい企画を自由に発想し、行政と協働で実施するようになり、特異な活動は様々なメディアにも取り上げられています。

「確かにひきふね図書館パートナーズの活動は素晴らしいが、墨田区にしかないのは、不公平だ」と言われたことがきっかけとなり、我々がこれまでに培ったノウハウを他でも適用してもらうことを計画しました。

パートナーズメンバーのような人材を育成する教育プログラムの提供をしていく「図書館パートナーズ」を立ち上げました。

現在、各自治体や民間企業から、図書館員向けの研修依頼を受け、実施しています。また、「ライブラリー・ファシリテーター認定講座」や、同じようなボランティアを養成する講座も実施しています。

このモデルを今後、全国に広げていくのが次のミッションだと考えています。

同時に、一般の人に図書館が知られていない、その現状を変えていく一つの手段としての、「全国図書館イベントサイト」の運営により、図書館をＰＲしていきます。

「図書館パートナーズ」という名前には、「図書館のパートナーでありたい」という想いが込められています。

また、図書館同士もパートナーシップを持ってもらいたい、という想いもあります。

ここに書かれた「一般の人に図書館が知られていない」というのは紛れもない事実。ラジオ番組のゲストが異口同音にこの現状を憂い、その改善にいかに努めているか言うまでもありません。

そして、「図書館同士もパートナーシップを持ってもらいたい」との言葉は非常に重いメッセージです。公共図書館って、近隣市町村や広域圏内でなければ資料の貸し出しはできないというのが、残念ながら斯界の常識的なルール。一部、こういったルールを払拭しているところもありますが、私自身、いまだにこの壁に苦しめられている一人です。

県庁所在地や人口の多い自治体が近くにないエリアに住んでいると、ちょっとした専門書を手にするにも1時間以上クルマを飛ばし、遠くの自治体や大学の図書館に行かなければなりません。そのエリアは既に図書館サービスを受けられる圏外地域。資料の貸出を受けることができないのです。

現職時代、勤務するまちでもそういったルールはありました。といっても、かなりの広域圏を守備範囲としていました。私一人の価値観でその壁を壊すことは決して望ましいやり方ではないので、そこには着手しませんでしたが、「館長が必要と認めた場合」という条件は大いに乱発しました。1時間も2時間もかけて塩尻市まで来ていただいた「圏外者」を非情にも手ぶらで返すわけにはいきません。スタッフにも、そういう利用者が来たら、必ず私に声をかけるよう指示しました。もちろん、このやり方では公平性を欠くことは否めませんし、望ましいことと言うつもりはありません。しかし、私はこれまで利用者として、一度もこうした特例を受けたことはありません。いつも、これが利用規則ですからと「図書館の壁」に阻まれます。

北村さんのような活動が、これからの図書館サービスの変革を促すことになっていくことを注目して見ていきたいと思っています。

（＊）http://libraryfacilitator.com/about/

図書館は楽しいことがたくさんできるところ

佐藤　宰
（青森県立図書館）2016.7.25 放送

図書館はたくさん楽しいことができるところなのかなと感じます。普通にやっていると普通のサービスしか提供できないんですけれど、楽しいことをやろうとすると、いくらでもアイデアが沸いてくるような、そういう施設だと思います。やればやるほど際限なくいろんなことができる。利用者の方々とお話ししながら、住民とお話ししながら、楽しいことがどんどん湧いてくるような、それを実行に移せる施設なのではないかと思っています。

この佐藤館長の言葉に多くの図書館員は頷かれることと思います。図書館以外の他部署から図書館に異動してきたら誰もが感じることです。テーマ展示用の選書とリスト作成、ＰＯ

P作成、デコレーションの工夫など、嬉々として図書館員は取り組んでいます。

講演で伺った某図書館職員の言葉「役所の仕事って本当に大変ですよね。異動してきてしみじみ感じました」が忘れられません。

この図書館員は、教員として県に採用になった方で、学校教育現場を離れて社会教育施設の図書館に期間限定で奉職しているとのこと。近年はモンスターペアレントなる保護者に悩まされることの少なくない教員の現場ではあるものの「これほどまでに、理不尽な言葉を利用者から投げられるとは想像もしていなかった」と。でも、私は言いました。「図書館は役所の中では、理不尽な対応に振り回されることの極めて少ない職場だと思いますよ」と。

このことに気づいていない図書館員が実は多いのではないでしょうか。卑近な例ですが、私は鹿嶋市と塩尻市で14年間勤務した中で、一度も市の顧問弁護士に相談しなければならない案件に悩んだことはありません。しかし、本庁の某課では1年で確か3回相談に行ったことがあります。たまたまそういう案件が重なったということがあるにせよ、図書館の仕事は本庁に比べ刑事事件となるような案件は極めて少ないと思います。

それはなにより、利用者との対話を通じて、利用者の協力を得て、進めることのできる仕事が多いからではないでしょうか。

どんな職場であれ悩みは尽きません。でも、図書館員は利用者さんに相談したりサポートを求めたりすることができなくはありません。楽しい仕事を市民の方と一緒になってつくっていくことで、来館者が楽しいと感じる図書館ができるのではないでしょうか。

気軽に図書館を訪ねてほしい

廣嶋　由紀子
（八郎潟町立図書館） 2016.8.1 放送

図書館はいままでの本を読むというところだけではなくて、多面的な使い方が沢山あると思うんですね。こちらの方からもそういうお声掛けはしなくてはいけないのですが、私としては日常的な賑わいの場が図書館であってほしいと思います。敷居をいくらでもこちらは下げられるので、ただ、質は落とせませんけれども、気軽に入ってきていただきたいなぁと思っています。

この放送日から約8ヵ月後、第3回八郎潟町立図書館セミナーの講師として招かれ、市民の皆さんにお話をさせていただきました。駅を降りたら直ぐ正面に立地していることもあり、廣嶋さんの言う「日常的な賑わいの場」としての図書館の役割が期待されるところです。しかし、都市部と違い、地方においては、日中、図書館で時間を過ごすということが、必ずしも広く市民に当たり前のこととして受け入れられないようです。聞けば、町民の図書館の利用カード登録者は開館2年で2割程度と、全国平均からするとかなり低いのです。こうした背景があり、図書館という場所を町民の「居場所」としてほしいという願いが「敷居をいくらでもこちらは下げられる」との言葉に含まれているのです。

この図書館は、本当にアットホームな雰囲気が施設や職員の態度から伝わってきます。建設に関わった方が秋田県の図書館事情に通暁する斯界ではつとに知られる図書館人であったことが大きいと感じました。現場を知っているということで、まさにジャストサイズの図書館に思えました。

図書館めぐりをしていてよく感じるのが、どうしてこのまちに、このかたちの、この規模の図書館なのだろうかという違和感です。利用者を一番に考えたら、このデザインの選択はないだろうという図書館がたまにあります。使い勝手の悪い書架、奇妙な導線など枚挙に暇がありません。図書館はだれのものって聞きたくなりますね。

ちなみに、八郎潟町立図書館は、２０１６年度の人口一人当たりの貸出冊数が秋田県内の市町村立図書館で最多となったとのことです。

繋げることを続ける

田中　裕子
（佐世保市立図書館）　2016.9.5 放送

図書館は日常の知りたいということを支える場所だと思うんですね。本当に素朴なことでも、どこに聞いたらいいかわからないから図書館に来てみた、ということを仰っていただくのが私自身は一番嬉しい言葉で、そこが図書館の最大の魅力です。

いつも自分自身が意識していることで、「繋げることを続けること」という言葉を胸に刻んでいます。ひとつのことを続けているだけで、いろんな出会いがあるんだなぁ、と。ステップアップ研修2のときもそうでしたし、今回のラジオのお話をいただいたときもそう思いました。

文部科学省の図書館司書専門講座や新任図書館長研修、日本図書館協会の中堅職員ステップアップ研修、ビジネス支援図書館推進協議会のビジネス・ライブラリアン講習会など、全国の図書館員が集まってくる研修の場で講師を何度も務めていますが、このクラスの研修会となると、期待してそれなりの枚数の名刺を持参して行くものの、思いのほか「収穫」のない研修会が少なくありません。

「収穫」とは言うまでもなく参加者の名刺です。文部科学省の研修は、自分の講義時間が終わると、そそくさと退室せざるをえず、上司からの特命や、何がなんでも名刺交換せねばと相当な覚悟で参加した方であれば、退室直前の私の背中を追いかけてきますが、ほとんどの方とは講義中の講師と受講者の関係で終わります。ときおり、講師控室まで訪ねてきてくれる方もいますが、極めて稀なケースです。

私が登壇したいろんな研修の中で、交換する名刺の数が群を抜いて多いのが日本図書館協会の中堅職員ステップアップ研修です。回によっても異なりますが、多いときは受講者のほぼ全員と交換した回もありました。

この研修で出会った方の中には、その後、日常的に情報をやりとりする関係となり、鹿嶋まで遊びに来られた人も相当数います。受講者がそれなりのキャリアを積んでいることと、長期にわたって机を並べて学ぶ環境が、積極的に繋がろうとする姿勢を醸成しているのではないかと思います。

176頁に「同じ講演会・講習会の参加者の中から（40名以上の時もあるはず）ラジオにすぐ出られる方とかがいて「何がそれを決める（た）」のだろうと思いはめぐります」と、佐々木さんが書いています。正直、これと言った明確なルールはありません。ただし、名刺交換を求めてこない方に出演依頼はしません。決め手は、繋がろうという気持ちが強く出ている人という非常に曖昧な基準しかありません。

田中さんの「一つのことを続けているだけで、いろんな出会いがあるんだなぁ、と」という言葉に大学院で指導いただいた先生の言葉を重ねました。それは「一つのテーマを10年研究し続けたら、10年後はその世界においてそれなりの実績を持つ研究者になれるのですよ」というものでした。

出会いが学びを触発し、そして新たな出会いへと繋がります。「繋げることを続けること」という言葉は、すばらしいメッセージだと思います。

自慢し大切にしたい図書館フレンズいまり

森戸　孝子
（伊万里市民図書館）2016.9.12 放送

伊万里市民図書館の一番大きな見た目の特徴としては開架室ですね、本棚のある真ん中に大きな木を置いています。これはイスノキという名前の木で、これは焼き物を焼くときの上薬の材料となる木です。地元の産業を身近に感じてほしいということで、図書館の中には、表示、ブックエンド、コンセントにも伊万里焼の陶板をたくさん使っております。

また、私たちが一番自慢したい大切にしたいことは、図書館フレンズいまりの皆さんなんです。図書館ができる前ですね、図書館づくりをすすめる会というかたちで存在していたんですけれども、新しい図書館が開館しまして、図書館を守って育てていこうということを目指す友の会として、協力と提言ということを旗印として、図書館のパートナーとして活動されております。

先ほど、イスノキというお話をしたんですけれども、実はその名前から「いすの木合唱団」という合唱団があります。実は２０１６年に15周年を迎えます。おまつりの時とか、フレンズ総会の時、毎月第３木曜日に赤ちゃん向けのお話し会をしていますけれども、そのあとに童謡を子どもコーナーにあるピアノの周りで歌ってもらっているんです。ボランティアをされている方々との繋がりもありますし、勿論、利用だけをされている方々との毎日の何気ない繋がりもありますけれども、本当に人と人の繋がりで今は繋がっているなぁと実感している毎日です。

伊万里市民図書館は、その活発な活動が斯界で広く知られる国内有数の図書館の一つです。私も訪ねたことがありますが、とても居心地の良い雰囲気で、地域産業を意識したディスプレイをはじめ、何よりもそこで憩う、集う、学ぶ市民の表情がとても豊かだったという印象があります。こういう図書館に出会えることはそう多くはありません。まさに評判どおりでした。

図書館めぐりをしていて、図書館員ではなく来館者に何か尋ねたいと思う図書館がときおりあります。あまりにも幸せそうだからです。アミューズメントパークでも観光地でも、テレビやラジオが取材に入れば、「声」を聞くのは入場者や来訪者です。「楽しいですか？」「どこから来られましたか？」といった質問が向けられます。サービスの提供者よりも受益者の声を聞きたいと思うのは当然のことです。でも、なぜか図書館は、マイクを向けるのが来館者ではなく、図書館員になってはいないでしょうか。

最近、気になることがあります。館内には図書館員と利用者の姿しかなく、図書館を支えてくれていると思われる方々の姿や、その方々による心遣いが館内の隅々に見えない図書館が増えていることです。誰かに支えられているといった感じがない図書館って、書架の乱れで直ぐにわかるものなのです。

伊万里市民図書館は、まさに伊万里焼の里であることを誇りとすることが館内のあちこちに見られ、「私はどこの図書館に来ているでしょうか」と館内の写真をフェイスブックに投稿したら、直ぐに図書館員から正解が投稿されるであろう図書館です。また、図書館フレンズいまりの皆さんの日々の活動、２０１６年に15周年を迎えたという合唱団など、図書館が行政の堅いルールの中で経営されるのではなく、市民の柔らかいルールの中で守られているように感じられます。それが図書館に憩う市民の表情に表れているのではないでしょうか。

市民を応援する図書館

文平　玲子
（市立須坂図書館）2016.10.10 放送

　これまでは図書館法ですとか、図書館の運営及び設置上の望ましい基準、これからの図書館像とかというものは、自分たちには縁遠いものだと思っていました。でも2年間やってくる中で、この部分は自分たちの図書館でも実現しそうだなとか、近づいてきたなと思うことがいくつかは見つかるようになってきたんですけど、それでもまだこちらに近づけるために、須坂ではこれもできていない、あれもできていないっていうふうに考えることが多かったです。でも、いま、社会デザイン的な視野からいろんなものをみるようになりましたが、図書館法の方に自分たちを近づけるのではなくて、須坂でできるやり方っていうのを探していくことが大事なんじゃないかなと思い始めています。

　お茶を飲んだり、ゆったりする場所もない小さな図書館なんですが、昨年（２０１５年）

の夏、学習室を使う学生さんのために、12時から1時までの間に限りお弁当を食べてもいいですよ、というお試し期間をやってみました。場所がないゆえの苦し紛れのお試しだったんですけれど、それをやった結果を踏まえて、この4月1日から、昼の12時から1時の1時間に限り、おにぎりやサンドイッチなどの軽食に限り、パクパクって口に入れて、また午後からも頑張ろう、図書館は応援しますよ、っていうふうに規則を変えたんです。

図書館は市民の方たちを出来る限りのサービスでお役に立ったり応援したりすることで、市民の方からも応援される図書館になりたいな、と考えています。

文平さんは、ポプラ社で『きかんしゃトーマス』シリーズの編集・翻訳に携われた経験を持ち、かつ、この放送の収録時は立教大学大学院21世紀社会デザイン研究科に学籍を置き、週2回、東京・池袋のキャンパスに通うという生活をされているとのことでした。

また、文平さんは市が公募した館長職に応募された外部登用者です。そういった背景があるからこそ、「図書館法の方に自分たちを近づけるのではなくて、須坂でできるやりかたっていうのを探していくことが大事なんじゃないかなと思い始めています。」という言葉が新鮮に聞こえました。

私は20年前、鹿嶋市役所の企画課から図書館に異動して早々、館内の部屋の開放の在り方について、私が図書館に異動する前からいる職員に施設に関する考えを述べたことがありま す。それはお話しの部屋の開放でした。それまで、絨毯敷きのお話しの部屋は、お話し会がある時以外は開かずの扉でした。どうして平素から使用できるようにしないのか、と疑問を提示。職員の目が届かないとか、大人が入り込んで目的外使用になる恐れがある等の理由はあるにせよ、それだけの理由で公共施設の一部屋を閉じてしまっていることの正当性が見えないとして、開放することを提案しました。懸念していたことが起きなかったかと言えば嘘になりますが、むしろ、寝そべって本を読む家族の姿が日常見られるようになったわけで、小さな不安や懸念を理由に、いろんな利用・使用制限をかけてしまっているのは図書館に限らず公共施設全般に言えることです。同じ部署に長くいると、そういう市民感覚はどうしても麻痺しがちです。

「市民を応援する図書館」だからこそ、「市民に応援される図書館」になれる条件を満たすわけで、その逆はありえないと思います。

図書館は交響楽団

田中　伸哉
（白河市立図書館）2016.10.17 放送

たくさんの人たちがいろいろな本が読みたくて、あるいは疑問や知りたいことを調べたくて、図書館にいらっしゃるわけだけれど、求めているものは多様でみんな違うんですよ。それを自分で図書館の仕組みを知って個人的にカバーできる方もいれば、もやもやしたものをいろいろ質問してやりとりしながら、図書館がお手伝いをして手渡すことが必要な人もいます。そういう多様な人々が図書館に足を運んで、一緒に図書館の屋根の下に居て過ごすのが、個人の声やざわめきも含めて、私はひとつの交響楽団みたいな感じがするわけ。オーケストラみたいな感じがするんです。みんないろんな音を出していて、私は指揮者。指揮者って言っても独裁者ではありません（笑）。それを上手く綺麗に鳴らすという、個性がみんなが鳴り合って良い音が鳴っている様な、図書館の雰囲気がすごく好きなんですね。演奏会に来る人ってそれが目的で、ある程度そろっているけど、何もしないというのも含めて図書館ってみんなバラバラだけれども、その自由な雰囲気、それがみんなで集まったときに、いい場ができている。それを感じる時って図書館をやっていてとても嬉しい瞬間です。

「今までご覧になったなかで一番良かった図書館はどこですか」とときおり学生に聞かれます。答えは決まっています。「見たところ全てです」と。

勿論、そんなわけはありません。良い図書館、良くない図書館は厳然とあります。ただ、学生には、施設が古いとか、駐車場が狭いなどの理由で「良くない図書館」というような短絡的な見方をしてほしくないので、「どんな図書館にも良いところは必ずある。それを見つけられる力をつけてほしい」と言います。

もしも「どんな図書館が創りたかったですか」と聞かれたら、「アメリカ・アリゾナ州で見た図書館のような雰囲気の図書館です」と答えると思います。

文字では表現しにくいのですが、みんなが幸せそうで、静謐と節度ある喧騒の空間がちゃんと分かれていて、英語独特の強弱のリズムが音楽のように漂っていた図書館です。

国内には、図書館全てが異様な静謐さで来館者を迎えるところもあります。嫌いではないのですが、やはり息が詰まります。遊技場とまではいかないにせよあまりに音に無頓着な図書館も苦手です。

私は音のある空間が好きなので、図書館は遮音、癒しの効果からも音はあってほしいなと考えます。鹿嶋では普通にやっていたライブラリー・コンサートも、塩尻では着任当初は行われていませんでした。分館にも音楽のイベントは推奨しました。新たな利用者の獲得もでき、資料の利用拡大にも繋がりました。

塩尻の新館は、着任時には基本設計が既に終わってしまっていたため、部屋やエリアを選択して音を流せる設備をつくることができなかったことが悔やまれます。

田中さんの言う「個性がみんなが鳴り合って良い音が鳴っている様な、図書館の雰囲気」って意味がよくわかります。私の理想とする大好きな時です。

田中さんと私は、共通の知人があり、その知人の結婚披露宴で初めてお会いしました。ご活躍は耳にしていましたが、斯界は狭いと言われながらも、なかなか再会する機会がなく、2016年に青森市の研修会場で、お互い講師として登壇する身として再会するまで12年も経ってしまっていました。

故郷を離れ、何の縁もないまちに就き、図書館建設の指揮をとったり、館長として図書館を経営したりといった経験を持つ田中さんは私と同じ。私以上にたくさんの自治体で図書館に携わってこられました。

鹿嶋では経験できませんでしたが塩尻で経験できたこと。それは図書館の些末な一日であっても特別な日となることです。フロアワークをしていて、館内に集う・憩う・学ぶ利用者の姿に、ものすごい感動を覚える瞬間があるのです。市民が来ているというのではなく、来てくれているという感覚です。来てくれているからこそ、感謝の気持ちとなる。塩尻とは無縁の私が館長を任されたこの施設に、たくさんの市民があふれ、思い思いに時を過ごしている。図書館って本当にすばらしい場所だと何度思ったことかしれません。

図書館が出来ることは無限大

木下　豊
（横浜市教育委員会港北図書館長兼港北区役所地域振興課読書活動推進担当課長）2016.12.5 放送

外に出て地域を知り愛すこと。これからの図書館人により求められることだと思います。

何処の地域にも人の営みの歴史があり、城址など宝物もたくさん。また、街にはまだまだ多くに知られてない魅力ある活動をしている人がたくさんいます。それらの場所や人、活動に光を当て、図書館でちょっとしたお知らせをしたり、場を提供して発表してもらうことでその人たちの活動がいきいきと輝く。そうすることで、地域に元気が出て、賑わいづくりに繋がります。

地方創生ってなにも新しいことをすること、生み出すことでなくてもいいのかなと。創作昔ばなし紙芝居など既にやっている活動や埋もれている地域資源に光を当て注目してもらうと、みんな輝いて成長して花が咲いてくる。
特に館長は外に出て、汗を流して頑張っている人に光を当て、発表の場の提供や情報発進など様々な形でより輝くようにしていくことが大事かと。その人たちの反射光で自らも輝いて自分ブランディングになります。自らも汗をかき楽しんで動いていると、いろんな人が集まって来て応援して大きな波となります。

私は図書館界の中で、恐らく最も「地域」という言葉を、著作や講演で頻繁に使う図書館人ではないかと思っています。というか自負もしています。

間違わないでいただきたいのですが、断界で最も地域活動を実践している図書館人というわけではありません。地域の役員等はそれなりに務めてはきましたが、頼まれるもの全てを受けてきたわけではなく、受けられる範囲で（かなり断りつつ）しかやってきていません。しかし、役所を辞めて、あらためて「地域」と図書館員の関係の大切さを痛感したことで、これを現職の図書館員に伝えるのは私の役割と任じて、声を大にして言ったり書いたりしているのです。

これまでも「地域」は図書館サービスの重要なキーワードとして語られてきました。しかし、なかには机上の言葉でしかなかったように感じられるものもあります。

木下さんは「街で活動している人たちに光をあてる。光を当てられた市民は輝くことになる。そしてみんなが輝くようになる」といった趣旨の発言をされました。シナリオも用意しない、事前の打ち合わせもほとんどしないこの番組の「売り」は、瞬間的に発せられたキラ星の言葉を見逃さず、次の言葉へと紡いでいく駆け引きなのです。

瞬間的に出てくる言葉は、日ごろの実践なくしては出てきません。館長としての矜持をしっかり伝えていただいたトークでした。

図書館の包容力

岩井　千華
（九州大学大学院芸術工学府博士課程）2016.12.12放送

私は環境・遺産デザインコースに所属していて、ここでは環境や遺産の価値を市民社会の中で再評価して保存・活用することを考えたり、未来の地域を創造・デザインする能力を養成したりしています。

以前は北海道の短期大学の図書館というインドア、建物の中で働いていたのですけれども、九州大学に来てからは研究室の中にいるということはなくて、常に外に出て、疲弊している地域を助けるというか、活性化してほしいとお願いされたところでワークショップをして、地域にあるお宝を発見していきましょう、と。私たち、よそ者、若者、ばか者の目で見たお宝を地域の皆様ともう1回再発見していこうとやっています。

都会にいるとわからないのですけれど、図書館と接することができないところに住んでいる人は多いのです。図書館の楽しさって、本を読むためだけのところではありません。文化活動も芸術活動もできるのです、本当は。包容力をこれからの図書館は持っていくようにしたいし、その一助になりたいと思っています。

いままでの図書館は本を読むことに終始していたのですが、これからは図書館でより豊かな人生を過ごしていきませんか、とPRしたいです。

例えば、館内に「地域資料の収集にご協力ください」とポスターやフライヤーを置いて呼びかけたところで、いったいどれだけの市民にその声が届くのでしょうか。市民からみたら、何が地域資料なのかすらわかりません。必要なことは、地域資料を単に集めることではなく、どうして図書館が地域資料を必要とするのか、図書館とはどういうサービスをするところなのかをしっかりと伝えることではないでしょうか。

技術的な図書館の広報云々の前に、広報とは広聴と一体であって、図書館サービスの受益者は図書館の館内だけではなく、むしろ、館外にたくさんいることを意識することが必要だと思います。図書館の「場」とはプレイスではなくフィールドであり、そのフィールドに出ようとせず「お宝をいただけませんか」と呼びかけても、それは無理な話です。

塩尻時代、個人の蔵書を図書館に寄贈したいとの連絡を受け、何度もスタッフを連れて、市民宅に伺いました。市民はどんな本を図書館が必要としているのかわかりません。綺麗ならもらってもらえる、汚い本はもらってもらえない、そんな単純な基準ではないことを、市民と話をしながら選別するのが好きでした。ここはフィールドです。図書館サービスをＰＲする絶好の場所なのです。市民とのこうした会話から思いもしなかったお宝情報を得ることもありました。

図書館は地域の再発見に寄与するところです。岩井さんの言う「図書館の包容力」って表現には思わず膝を打ってしまいました。

クエスチョンマークがエクスクラメーションマークになる発見の場

中山　美由紀
（東京学芸大学附属小金井小学校図書館）2017.1.23 放送

学校図書館で働いていて幸せを感じるのは、子どもに「これ面白かったよ」って言われるときですね。もう一つは、附属校の先生とやりとりをして思うようになったのですが「この情報提供があったから、この授業ができました」って言われるのって最高に嬉しいですね。

子どものための読書と言ったときに、豊かな文学作品を読んで心が耕されていく、成長していくというのは大事なことなのですが、プラス、子どもたちの知恵の営みと言うのかな、いろんな世の中の出来事とか、人類の歩みとか、知の営みというか、何かそういうノンフィクションの世界をも、もっと読んでほしい、知っていてほしいですね。それを自分のものにする、何かをとらえ、考えて、発見する喜びを知る場所として図書館が認められたらすごく嬉しいです。

わからなかったことが「あっ、わかった!」、クエスチョンマーク（?）がビックリマーク、エクスクラメーションマーク（!）になるような、そういう発見の場になっていければいいな、と思っています。

図書館員との学習会の席で、「内野さんは学校図書館をご存知ですか」と聞かれたことがありました。残念ながら、私は公共図書館しか勤務経験がありません。しいて言えば、鹿嶋市教育委員会の学校教育課長として、その職位に就いたことで、市内の小中学校の学校図書館の改善（学校司書の配置、図書館システムの導入、図書館コレクションの充実など）を市長枠予算として認めてもらったことです。10年前は学校司書のいなかった鹿嶋市が、いまでは県内有数の学校図書館の充実したまちと言われているようです。密かな自慢です。

中山さんの言う「クエスチョンマーク（?）がビックリマーク、エクスクラメーションマーク（!）になるような、そういう発見の場」って表現は、公共図書館より学校図書館の方が日常の風景なのではないかと思います。この言葉に勝手に映像を描くのは図書館員の習性ではないでしょうか。

図書館って、公共・学校・大学・専門、そして国会図書館と、それぞれ異なった目的で設けられています。全ての館種の勤務経験があったら、どんな面白いことが書けるだろうかと何度思ったことかしれません。

でも、このラジオのパーソナリティを通じて、その夢が少しは叶いました。毎回、ゲストとのトークからエクスクラメーションマーク（！）をいただきます。リスナー同様、私にとっても発見の場でもあるのです。

II

ヘビーリスナーの楽しみ方

私の番組は2017年9月末で5周年を迎えました。リスナー調査のようなものをしたことがないので、どう聴かれているのかというのは私にとって最大の関心事です。

出演交渉を機に、自分の収録までの間に初めて番組を聴くというのが一番多いパターンです。ということは、出演時に「これまでどんな風に番組を聴かれていましたか」といった質問はできません。なかには、収録前に番組を聴くこともできず、放送された番組を聴き逃したというゲストも私の知る範囲でも数人います。

番組にはお願いされたので出演したものの、番組そのものへの関心はなく、それっきりというゲストもいると思います。でも、出演がきっかけとなり、以来、番組が生活の一部になっている方も若干はいるようです。

そこで、自称「ヘビーリスナー」はどのように番組を楽しんでいるのか、三人の方にラジオの楽しみ方を寄稿いただきました。

ルイスとラジオとポール・マッカートニー

砂生　絵里奈
（埼玉県鶴ヶ島市教育委員会）

〝Dr.ルイス〟のヘビーリスナー

私はあちこちで、「エフエムかしま（周波数76・7MHz.）『Dr.ルイスの〝本〟のひととき』のヘビーリスナーです」と宣言しています。

スマホのアラームは、常に本放送の月曜午後7時30分と、再放送の金曜午後7時30分にセットしています。家でも、仕事中でも、出先でも鳴るので、忘れていたときは大慌てですが、このお陰で聴き逃しなく、毎回聴くことができます。

なぜ、こんなに夢中になってDr.ルイスのラジオを聴くのかといえば、自分が6回出演したことがあるというのもありますが、全国の図書館員が出演して、勤務している図書館の特徴や、地域のグルメや特産などが聴けるからです。特にパートナーの御茶さんが、「全国のリスナーの皆さんにメッセージをお願いします」と言ったときに出演者の皆さんが何を言うのかを楽しみにしています。この質問は番組の終盤なので、出演者もリラックスして、図書館にかける日頃の思いなど、本音が出ることが多いのです。出演者には知り合いもいますが、この人は図書館にこんな熱い思いを持っていたのか、などを知ることができ、いつも感心しています。

また、ルイスが番組で流す曲も毎週楽しみにしています。

ラジオ出演遍歴とポール・マッカートニー

そもそも、私がルイスとお会いしたのは、平成26年度のステップアップ研修（2）の講師と受講生としてでした。ご著書の文章から勝手に細面で繊細なイメージを抱いていましたが(笑)、実際の見た目はダンディーでお髭も蓄えていて想像と全く違ったので、びっくりしました。

想像とは違いましたが、雰囲気が素晴らしく、すぐにこの人は凄い人だと直感し、いっぺんに大ファンになってしまいました。

講義も、声のトーンを私たちに聴きやすいようにしてくれたり、私たちのレベルに合わせて内容も調整してくれたりしました。講義内容は目から鱗で、素直に納得できることばかり。仰る言葉全てを夢中で吸収しました。その後の交流会では、その日にファンになったのに、「ファンです」と告白し、ご著書にサインも頂いて大満足でした。

講義後のある日、ルイスからラジオの電話出演の依頼がありました。実はルイスを交えて、みんなでお茶を飲みに行った時、「ラジオのパーソナリティをしているので、そのうち出演依頼するかも」と仰っていたのです。何とか1回だけ聴いて、慌てて鶴ヶ島市の情勢や図書館の沿革などをまとめて電話口に用意して、本番に挑みました。

当日はかなり緊張しましたが、御茶さんとルイスの温かいフォローで楽しく収録できました。すっかり誤解していたのですが、出演者が音楽のリクエストを出来ると思い込み、「ビートルズのヒア・ゼア・アンド・エブリウェアをお願いします」と言う準備をしていました。何も聞かれなかったなと思っていたら、後にリクエストをかけてくれるのはスタジオ出演したときだけだと知りました（笑）。いつかはスタジオへ行って、大好きなポール・マッカートニーの曲をかけなければ！…と強く決心しました。

次に出演したのは、平成26年10月25日鹿嶋市立図書館主催の図書館フォーラムに参加したときでした。終了後の懇親会には御茶さんも参加され、持ち運び用のマイクで参加者数人に取材してくださったのです。そこで言った一言がラジオで放送され、めでたく2回目の出演となりました。

3回目は平成27年8月のかじゃ委員会のラジオジャックの時です。関東組としてかじゃの皆さんをお迎えする側に回りました。関東組のリーダーは、しゃっぴぃツアーの高野一枝さん。夜の懇親会は、かじゃとしゃっぴぃグループ乱れ打っての大盛り上がりでした。

翌日のラジオ収録は先にかじゃ委員会のラジオジャック。次はしゃっぴぃ率いる関東組でした。関東組は狭いスタジオに、13人がぎゅうぎゅうに入り収録しました。普段は30分番組ですが、特別編ということで1時間ずつの放送でした。前日、音楽を流す権利を得るためのじゃんけんに負けたのに、そのとき初めてお会いした道上久恵さんに頼み込んで、譲って頂きました（笑）。漸く念願かなって、Dr.ルイスのラジオから、ポール・マッカートニーの「ヒア・ゼア・アンド・エブリウェア」が流れる日を迎えることができました！感動の瞬間でした。

4回目は、平成27年11月18日、塩尻の奈良井宿にある食事処「かなめや」でラジオの公開録音をしたときです。奈良井宿は江戸情緒溢れる古い街で、魅力たっぷりでした。そんな古民家の一郭でラジオの公開録画を開催しました。私は観客なので、拍手と笑い声だけの出演でしたが、とても楽しいひとときを過ごしました。

5回目は平成28年12月22日、ラジオ収録のため、親友の新堀律子さんと鹿嶋を訪ねました。ルイスにたっぷり観光地を案内していただき、「出没！アド街ック天国」で紹介されたグルメも堪能した後、エフエムかしまのスタジオへ。御茶さんとも久しぶりに再会し、楽しく収録することができました。その時にリクエストをお願いしたのが、しつこくも、またまた「ヒア・ゼア・アンド・エブリウェア」でした（笑）。今回は、武満徹のクラシックギターバージョンです。ポール・マッカートニーの曲はメロディラインが美しいことで有名ですが、この曲ではさらに美しさが際立っています。武満アレンジはその美しさを十二分に生かし、ロマンチックでとても素晴らしい曲に仕上げているので、ぜひ一度聞いてみてください。

ラジオから深まる図書館人の交流

3年前のルイスとの出会いから、私の生活の中には、密接に「Dr.ルイスの〝本〟のひととき」が入り込んでいます。知り合いが出演するとワクワクしますし、知らない人には会ってみたくなります。初めて会った方と名刺交換をして、「もしかして、ルイスのラジオに出演したことがありますか?」と聞いたこともあります。ラジオがきっかけで、図書館人同士の交流も深まるのです。

いろいろな流れで6回もラジオ出演しましたが、それだけではなくルイスの講演会にも積極的に出かけています。鹿嶋、塩尻に行ったことは書きましたが、そのほか下野や青森にも出掛けました。私が勤めていた鶴ヶ島市立図書館にも講師としてお呼びしたこともあります。ルイスに倣って全国各地の図書館めぐりも趣味になりました。

その場所ごとに新たな出会いがあり、それにつれてラジオ仲間も着実に全国に広がっているのです。

勇気を出して名刺交換したことがきっかけとなって

佐々木 千代子
（東京都葛飾区立図書館）

エフエムかしまの「Dr.ルイスの〝本〟のひととき」ラジオ放送は、私が受講していた研修に講師として来られていた内野氏にお会いし、当時のブログにおじゃましたりして、知ったのだと記憶しています。

この放送を何とか聴くことが出来ないものかと田舎に帰った時に、隣接市だし聴けるかなと家族に聞いたところ「無理」と冷たい答え。その時は、インターネットで番組が聴けることとは知りませんでした。今では潮来市では、インターネット経由でなくてもそのまま聴けるようになっているとのことです。

ところで、自費で講習に参加すると知った私の当時の勤務館館長だった上司から、「まず、名刺を作りなさい」とアドバイスをいただきました。しかし、この頃の私の思いは、自分は正規職員じゃなくて非常勤だし、歳だし、こんな偉い人（講師の先生達）と名刺交換してもなぁというのが内心ありました。短い休憩時間に名刺交換しようとたくさんの人が並んでいるところに入り込む気があまりしなかったのです。ところが、この時の研修ばかりは優しい雰囲気に加え、故郷（潮来市）が川を挟んだところでご近所さん。鹿嶋って小学校1年生の時の遠足の場所。勝手に親近感を抱いてしまい、かなりの勇気を出して名刺交換をし、少しお話をさせていただきました。その時の勇気が、それからのいろいろの人達に繋がっていることはまちがいありません。

２０１２年10月に始まったこの番組に、私が声をのせたのは２０１３年5月。聴いているとみなさんすらすらと話していますし、この番組がノーシナリオだなんて本番まで信じられませんでした。絶対に綿密な打ち合わせがあるに違いないと思い込んでいたのです。実はこの時は4月に異動したばかりで、図書館の紹介もまわりの紹介も冷や汗ものでした。勤務区全体のお話にシフトさせていただいた記憶があります。

当時は、今の放送スタイルとはちょっと違っていて、Dr.ルイスのおすすめ本の紹介コーナーがありました。

御茶さんの聞き上手トークのおかげで、出演ゲストの図書館のある場所がどんなところか、どんな美味しいものがあるかなど、ラジオでも情景が描けるようにお話をすすめてくださるので、全く知らない所もそういうところにある人がお話しているんだと思いながら聴いています。

聴いていたのは、再放送の方が多かったと思います。ネット録音を早々とあきらめましたので、月曜日に聴いた人に比べ損した気分で聴いていました。そして、ゲストが話に詰まったのかな？　と思っていたらラジオの通信が切れていたとか、トラブルにより3回に1回位しか聴けていないドジなリスナーです。

楽しみにしているのが、今回のゲストがどうやってDr.ルイスと知り合ったのかということ。時々、何の接点もない人では？　と思う方がゲストで（本人がFBでカミングアウトしてしまう時があり）どうやって知り合ったのかと興味津々で聴くという回も多いのです。ただ、この肝心の番組の最初を聴き逃すことも多いです。聴き逃したので再放送を楽しみにしていたのに、また途中からしか聴けなかったり。知人だと後で本人にこっそり聞きますが、今でも聴き損なった「そこ」が知りたい人達がいます。

また、自分は知り合うこともないであろう人たちのお話を聴けるのも、この番組の醍醐味です。私はこの番組で初めて絵本専門士の方と朗読士の方のお話を聴きました。恥ずかしながら、絵本専門士なる人がいることも知らなかったのです。早速、児童サービスを長く担当している友人と情報共有しました。

番組には、図書館員だけでなく、図書館を支えてくれている人達も多く出演しています。ボランティアの方から市民の方たち、議員の方まで。そうそう、書店さんから出版社の方まで。図書館の館種も多岐にわたっています。

公共図書館しか知らない自分は、学校図書館にしてもサポートする側の目線でしか知りません。なので、こういうことをやっているのだと知ることも多いです。大学図書館、企業図書館、専門図書館も図書館と名がついているとはいえ、全く仕事内容は違うものですね。違う立場の人達のお話を聴けるのも新鮮です。仕事に対する思いはみなさん同じようだと感じます。

ルイスとゲストがどうやって知り合ったのかは、だんだん謎が解けるのですが、さらに同じ講演会・講習会の参加者の中から（40名以上の時もあるはず）ラジオにすぐ出られる方とかがいて「何がそれを決める（た）」のだろうと思いはめぐります。

おひとり、ゲストの方で忘れられない人がいます。その方はなんと「トイレの前で出待ちをしまして」というコメントをしていました。何が何でも繋がりたいという気持ちが、伝わってくる言葉だと思いました。

考えてみると、ゲストは内野氏と何らかの方法で繋がった方ばかりなのです。一度その繋がり方の極意をぜひお聴きしたいと思っています。お話してくれないかな。

いみじくも、『ラジオと地域と図書館と』（ほおずき書籍）の中でも述べられていますが、私にとっても、この番組は仲間がいるということを、感じさせてくれる番組になっています。

出会いの演出、自分を覚えてもらうツールである名刺を持って、ちょっぴり勇気をもってやさしい感じの講師だけではなく、これからは強面（？）で雲の上の人と思われる講師の方々にも名刺交換をお願いしようと思います。

ながら聴きには向かないラジオ番組

石川　靖子
（秋田県横手市立平鹿図書館）

ラジオを聴きながら

私にとってラジオはとても身近で自由な存在です。郷里を離れ一人暮らしを始めたばかりの頃は、寂しさを紛らわすように、ラジオをかけたままにして様々な番組を聴いていました。秋田で聴いていたころとは比べものにならないくらい豊富な番組が嬉しくて、ヒットチャートの音楽を聴いてはＣＤを買う、なんてことをしていたのもこの頃でした。ちなみに初めてアルバイトをしたコンビニの店内音楽はＪ－ＷＡＶＥでした。

社会人になってからのラジオの時間は決まってアイロンがけ。休日の午後、１週間分のブラウスに、ハンカチに、スカートに、ズボンに、せっせとアイロンがけをしながら、ＢＧＭはラジオからの声や音楽。今でもアイロンがけの時にはラジオのスイッチをＯＮ。何かをしながら、その何かに夢中になっているときは、全く耳に入らなくても、ふっとしたときにフレーズが残ったり、思わぬメロディが聴こえたり、勝手気ままな私はラジオを自由に楽しんでいます。でも、ながら聴きにはまったく向かないラジオ番組があります。それがエフエムかしまの「Dr.ルイスの〝本〟のひととき」です。

「Dr.ルイスの〝本〟のひととき」出演のきっかけ

私がこのラジオ番組を知ったのは、２０１３年3月、岩手県一関市で開催された講演会でお会いしたルイスからの出演依頼を、気軽に了解してしまった後のこと。図書館のことを話すってどんな番組なのか、お髭がチャーミングなルイスはどんなことを話すのだろうかと興味は尽きませんでした。実際にラジオの向こうから聴こえてきたのは、優しいウィスパーボイスのルイスとクリアで艶っぽいトーンの御茶さんの声。図書館の話をメインにふたりの会話が弾み、ゲストの図書館人（図書館で働く人や図書館が大好きな人たち）が出演し、自分の地域のことや図書館への想いを話す、そんな番組だとわかったのです。

自分がラジオに出演する側になるなんてすごいことだと、出演は果たしたものの、なんだか照れてしまって放送は結局聴けませんでした。声って自分が普段耳にする音と、録音されたものってとても違うので、自分ではないようで恥ずかしいものなのです。

ラジオ出演をきっかけに聴き始めた「Dr.ルイスの〝本〟のひととき」。でも、この番組、ながら聴きには向きません。それは、ラジオの向こうの声の主を真剣に想像するから。図書館に関わる人がそれぞれに話す図書館のこと、地域のこと。声だけを頼りに、こんなことを話している人はどんな人なのかなと考えます。これまでにお会いしたことのある出演者の声は私の中でさらに想像が加わり、人物像がより濃密になっていきます。お会いしたことのない出演者の声は、私の中で勝手に人物像を創り上げてしまうのです。こんなふうに声の主を想像しながら真剣に聴くことは、「Dr.ルイスの〝本〟のひととき」ならではの楽しみ方で、この放送のときだけは、ジッとラジオに耳を傾けているのです。

毎回気づく、何度も何度も気づく

私の働いている図書館は4名の司書で運営しています。仲のよさは自慢でもあるけれども、ときおり感じる閉塞感もあります。日々の業務に流されているのではないか、もっと図書館ができることってあるはずだと、ひとりぐるぐる考え始めても答えがでません。けれども、私と同じように図書館で働く人は全国に大勢います。公共図書館に限って言えば、現在、全国に3280館、そこでは4万人を超える人々が働いています。「Dr.ルイスの〝本〟のひととき」では、その中の誰かが、ラジオの向こうから語りかけてくれるのです。出演者である図書館員の存在そのものが、私にとっての大きな励みとなっているのです。ひとりじゃないよって言ってもらえているような気がするのです。

そして、出演者の図書館員が皆、自分の働く地域のことを大切に話されます。もちろん、御茶さんの「どんな図書館ですか」とか「その地域ではどんなおススメのグルメがありますか」といった問いかけがあるからですが、日頃からの地域への関心、繋がりがなければ語ることのできないような想いに溢れた話。全国各地の図書館、そしてその図書館のあるまちの様子が図書館員によって生き生きと語られることで、その魅力が2倍にも3倍にもなるのです。番組を聴いていると、図書館員は地域の営業マンになれるかもしれないと思えるのです。地域を知りつくし、課題を見つけ、魅力を発見し、伝えること、それらは図書館の仕事にも繋がります。

番組の30分間は私にとっては、大好きな図書館の話が聴けると同時に、図書館に関わる人に出会え、図書館員が地域と関わること、それを気づかされる、そんな時間になっているのです。

横手と鹿嶋、距離を超えて

エフエムかしまの「Dr.ルイスの〝本〟のひととき」はインターネットで聴くことができます。私はいつもスマートフォンを握りしめて聴いています。ということは、世界中にリスナーがいるはず。世界中と言っては大げさかもしれませんが、リスナーは日本中にいるに違いありません。日本全国どこからでも聴くことができることは、私のように秋田県横手市という地方に住む者にとっては、大変便利なこと。秋田県は民放テレビが3局なので、関東や関西に住む友人とテレビ番組の話をしても通じないということが起きます。けれども「Dr.ルイスの〝本〟のひととき」に関しては、全国どこでも等しく聴くことができます。この番組を愛する大勢のリスナーが、同じ時間に耳を傾けているだろうことが想像できるのも楽しみの一つです。

ルイスと御茶さんの声、各地からのゲストの声、それぞれが、横手市から500キロも離れた鹿嶋市から届くこと、その絶妙な距離感を感じながら聴いています。

私は「Dr.ルイスの〝本〟のひととき」の番組に縁があって出演する機会をいただきました。これから先、また出演する機会がめぐってくるかもしれません。今、番組を聴いている人も可能性があるかもしれません。番組にメッセージを送ったり、エフエムかしまに遊びに行ったりするといいかも。まずはルイスに会わなくてはいけない！「Dr.ルイスの〝本〟のひととき」という番組を聴くことで、リスナーが番組に参加しているような気分になれるのは、この番組が持つコミュニケーション力なのだなと思います。まだ知らない、全国の魅力的な図書館員に会いたくて、これからもこのコミュニケーションの中に入りたくて、私はラジオを聴くのです。

Ⅲ

Dr.ルイスの〝本〟のひととき　今週の一冊紙上版

番組を始めるにあたってのコンセプトは「Dr.ルイスの〝本〟のひととき」の番組名どおり、「本を語る番組」でした。初回で紹介した拙著『だから図書館めぐりはやめられない』から第81回の『図書館の基本を求めて』(田井郁久雄)まで、75点の本(雑誌扱いのムックも含む)について語りました。

どうして本の紹介を止めたのかというと、ならせば週1回(諸事情があって単純に毎週1回収録できるものではありません)の収録に合わせて一冊の本を紹介するとなると、わずか5分に満たない本の紹介のために、読書に費やす相当な時間、本の選定に要する時間、さらに本の入手に要する出費と、生活がそれに追われることになったのです。たかが一冊の本の紹介とはいえ、既読の本をひたすら紹介するわけにはいきません。そもそも、私自身の読書傾向が極めて偏向しているため、決して好んでは読まない話題の本も目を通すようにせざるをえませんでした。これが相当なストレスとなってきたのです。これは面白そうだと思って購入した本であっても、思っていたほど面白くないからと途中で投げ出す場合もあれば、ラジオでその面白さは到底伝えられないな、と十数頁読んで閉じてしまう本も少なくありませんでした。

拙著『だから図書館めぐりはやめられない』『図書館はラビリンス』(樹村房)で取り上げ

た86点の本を、私の講演に合わせて、某町立図書館が自館の所蔵本で展示しようとしたところ、10点すら満たさなかったということがありました。執筆にあたり図書館に収集されていない本を好んで取り上げたわけではありません。むしろマニアックさは極力避けたつもりでしたが、この結果を知り、いかに私の読書傾向が偏向しているかをあらためて知るに至りました。

振り返ると、ラジオで紹介したのは75点。そのうち、拙著『だから図書館めぐりはやめられない』を除き、図書館に関する本が8点、書店や出版に関する本が9点もあったというのは、これもまた一般的な新刊書店の棚や、蔵書が約20万点の公共図書館と比較しても極端に偏向しています。それくらい、この番組は図書館や本に拘っている証かもしれません。ラジオやテレビの書評番組では常に主役の小説はたったの1点でした。

ときおり、番組開始早々からのリスナーから「たまには昔のように本の紹介があるといいのに」との声を聞きます。番組ではそのリクエストに応えていませんが、もしも今、番組で本の紹介をするならば何を紹介するか。番組中でもそうでしたが、私は作品の良し悪し云々ではなく、自分のエピソードと絡めて喋る紹介でした。拙著『だから図書館めぐりはやめられない』の紹介パターンです。そもそも本の紹介なのか、自虐ネタなのかわからないようなものです。あることに感動しこの本を再読したとか、街であるものを見かけたことがきっかけで手にした本とか、良い本をリスナーに紹介したいということより、私の話を聞いてくれ、といったものです。もともと、良い本も悪い本も私にはありません。好きか嫌いかです。

阿部恒久『ヒゲの日本近現代史』（講談社　2013年）

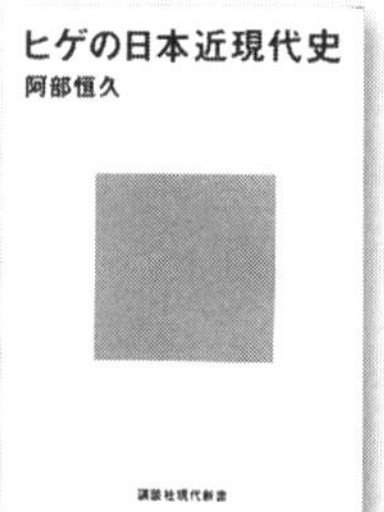

フェイスブックで、私には関係のないはずの投稿に何の因果かタグづけされることがあります。いったいどうして私がタグづけされるのか不思議に思っていたところ、謎が解けました。フェイスアウトされた図書館の展示書籍の書影やPOPに謎が隠されていました。髭を蓄えた著者の写真やPOPに描かれた似顔絵にどうも反応してい

るようです。となれば、どうしても髭を話題にしたくなりますよね。

どうも様子が変。どうして次から次と、ひげ面の男が名刺交換してくるのだろうか。しかも、ここは町役場。働いているのは、最もひげ面の印象からほど遠い公務員のはず。それは長野県の池田町公民館を訪ねた時のことでした。この日は、この公民館の講堂で私の市民向けの講演会があり早めに会場入りしました。まずは関係者に挨拶を、と公民館の事務室を訪ねたときのことです。

最初に事務室から出てこられたのは、今回の講演会の主催者である町立図書館長。物腰の柔らかな方で、聞けば学校の校長先生であったとのこと。次に挨拶を交わしたのが、今回の講演会の会場の管理者である公民館長。珍しく口の周りにひげを蓄えた方でした。館長の後方に控えていたのは若い長身の男性。こちらも何故かひげ面。こちらは頬にもひげを蓄えていました。

ん、ちょっと変じゃない。無精ひげならわかるけれど、二人続けて手入れしたひげ面はいくらなんでもないだろう。テレビ局や出版社なら不思議じゃないにしても、ここはお堅い役所。33年間市役所に勤務し、いろんな役所関係者と挨拶を交わしてきましたが、こんな経験は一度もありません。

「私もひげ面、お二人もひげ面、三人揃うと妙な感じですね」と、半分冗談で挨拶をしたところ、「町制施行100周年と合併60周年記念事業として、ひげを蓄える「ひげプロジェクトを始めたのです」と意外な答えが返ってきたのです。

あまりにも突拍子もない話なので、返答に窮していたところ、「古い池田町の写真を見ると、当時はどこの役所も同じだったのかもしれませんが、池田町役場の職員は立派なひげを蓄えていた人が多い。ならば、町民が100年前を彷彿できるような取り組みとして、みんなでひげをはやそうか、となったのです」

これで合点がいきました。しかも、プロジェクトに賛同してくれる市民にも「ひげバッジ」を付けてもらい広報に協力してもらっているとのこと。ひげの生えない女性もこれなら参加できます。この「ひげバッヂ」は直径3・8㎝の丸い缶バッヂ。色は数色あるようで、中央に立派なカイゼル髭のイラストが描かれ、そのイラストを「ひげプロジェクト」と「池田町教育委員会」の文字が囲む、なかなか洒落たデザイン。「全国の講演で、この取り組みを紹介するので、ひげバッヂをいただけないか」とお願いし、白色のバッヂを頂戴しました。早速、この日の講演の冒頭でこの話題に触れるとともに、その後、全国各地の講演でこのプロジェクトはお話しさせてもらっています。

ちなみに、カイゼル髭とは、「逆への字」のひげ。「カイゼル」とはドイツ語で「皇帝」の意味で、ドイツ皇帝ヴィルヘルム2世がこの口髭を蓄えていたことが名称の由来のようです。

さて、『ヒゲの日本近現代史』に依ると、ヒゲの漢字表記は部位により三つあるとのこと。頬ヒゲは「髯（ゼン）」、口ヒゲは「髭（シ）」、顎ヒゲは「鬚（シュ）」と表記が異なるのです。よって本文では、特に部位を定めていないヒゲ全般を指す場合は「ひげ」と表記し、口ひげは「髭」としました。

こういう遊び心は諸手を挙げて大賛成。マスコミ受けも上々だったようです。とはいえ、前例踏襲の風土が根強い役所のこと。恐らく実現に至るまで大変だったことは想像に難くありません。半信半疑で全職員がヒゲ面ですか、と尋ねたら、さすがに教育委員会職員の有志のみとのことでした。

バッヂで思い出しました。どうして日本の公共図書館は、アメリカの公共図書館のように図書館グッズを販売しないのでしょうか。最近は徐々にみられるようになってはきましたが、まだまだ少数の図書館に限られた取り組みです。

勉強熱心な図書館員は休日ともなれば、図書館めぐりを楽しむ人が少なくありません。例えば缶バッヂならば、それなりの数を作れば1個当たりの製作単価はたいした金額にはなりません。視察記念に、または同僚へのお土産にと、それなりに売れるグッズになるのではないでしょうか。クリアファイル、ノート、ボールペンなどグッズはいろいろ。役所内の会計処理さえ整理できれば、図書館独自の歳入にもなります。

アメリカの公共図書館員に比べると、明らかに日本の図書館員は地味という印象が拭えません。公共サービス機関だから、一定の節度ある見た目を気にする人が少なくないのかもしれませんが、服装でも装飾品でも、図書館の利用者のことを考えると、少し「遊び」があってもいいのではないでしょうか。

さて、ひげに戻ります。

ひげは、おしゃれ、宗教の教義、権威の象徴など、様々な理由で剃ったり蓄えたりされます。さらに、先述の部位による漢字の違いがあるように、ひげの濃いヨーロッパ人種、薄いアジア人種、ネイティブ・アメリカンのようにほとんどひげのはえない人種もいます。

本書に面白い調査結果が紹介されていました。１９７３年に東京都が行った「都民の風俗調べ」というもので、ここでひげについての調査が行われています。無精ひげを除き、ひげを蓄えた男性の割合は５％と報告されていました。

１９７８年に、ハイヤーの運転手が会社を相手に「ひげをそる義務はない」と東京地裁に提訴した事例を考えると、調査が行われた１９７３年当時は、現在に比べ、ひげは社会的に容認されていなかったと思われます。

図書館記念日、文字・活字文化の日など、なかなか市民に浸透しているとはいえない図書館関係の記念日。いっそ男性職員が記念日を周知するために、一ヵ月前からひげを蓄えるといった試みも面白そう。「どうかしたのですか？」「何かあったのですか？」と、男性職員は図書館の利用者から聞かれるのは必至。女性職員は「どうしたの？ 男性職員がみんなひげを生やし始めたようだけれど」と聞かれるでしょう。

その時は「10月27日は文字・活字文化の日なのです。当日は記念イベントもありますので、ぜひご来館ください」と、絶好のＰＲとなることは間違いありません。

「ところで、その文字・活字なんたらの日って、何のことなの」と聞かれれば、さらに利用者との楽しい会話に進展。こうして図書館をより知っていただく機会にもなります。

なかにはいるでしょう。「けしからん」という利用者や市民も。でも、そこは趣旨を説明すればなんとかわかってもらえるはず。伝わらないね、とぼやくより、伝えようとする遊び心が大切ではないでしょうか。

ちなみに、公共図書館でこの本の所蔵館を探すと、僅か数館しか所蔵館のない県がありま す。う～ん、図書館の選書担当者は、ひげがお好みではない方が多いのでしょうか。類書は あまりないので、私は面白い本だと思うのですが。
ちなみに私は、20代から剃ったり蓄えたりの髭面です。

「信州しおじり 本の寺子屋」研究会『「本の寺子屋」が地方を創る　塩尻市立図書館の挑戦』（東洋出版　2015年）

2015年、フェイスブックに私が投稿した文章で、「図書館」に次いで頻繁に使った単語が「塩尻」であったことがわかったときは正直驚きました。そんなに懐かしんではいないはずなのに、と。でも、考えてみたら、いまでも「塩尻」消印の手紙が1年に10通以上届きます。手紙をもらった嬉しさを、ついついフェイスブックに投稿しているのでしょうね。

自分のことが「内野安彦」と表記された本を読む。『「本の寺子屋」が地方を創る』が出るまで、こうした経験はありませんでした。

ことの発端は、河出書房新社で『文藝』の編集長を務めたことのある長田洋一さんに塩尻市立図書館で出会ったこと。詳しい話は拙著『塩尻の新図書館を創った人たち』に書きました。とは言え、危なっかしい記憶を辿っての記述もあり、本書を手にして、記憶が蘇るとともに、全く私の知らないところでストーリーが紡がれていたことを知ったのです。

著者は「信州しおじり 本の寺子屋」研究会。この研究会の一員であった某新聞長野支局長（当時）のT氏と知り合いになったのは2015年2月でした。始まりはT氏からのフェイスブックの友達申請。申請時のメッセージに「『塩尻の新図書館を創った人たち』を興味深く読了致しました。「信州しおじり　本の寺子屋」に関連し、ぜひお話を伺いたいと思い、申請しました」と。また、本の寺子屋の生みの親である長田洋一さんとの関係も書かれていました。しかし、T氏は長野、私は鹿嶋、実際に対面したのはその後しばらくしてからでした。

「本の寺子屋」は、私の塩尻での最後の極めて思い入れのある仕事でした。仕事といっても私のやったことは次年度の新規事業としての予算獲得に至るまでのいっさいがっさい。市長はじめ理事者との交渉、財政所管の部課長への予算要求説明、そして議会常任委員会における新年度予算の説明といった仕事でした。

図書館という仕事を、どうやって出版文化と結び付けていくか。出版文化を守る砦として市民はじめ、全国に塩尻市立図書館の矜持をいかに知らしめるか、その萌芽を塩尻で見届けること、それが自分に課した早期退職の「卒業論文」でした。その萌芽がいずれ大輪の花となるのを遠く鹿嶋から見守ればいい、そう考えていました。種を撒くのは簡単。難しいのは花を咲かせること。その仕事を図書館スタッフに託しました。

本の寺子屋は偶然が生んだ産物である、と思っていました。しかし、この本が書かれるにあたり、T氏の取材を通じて必然の軌跡であることを知りました。

事の始まりは私が松本市の慶林堂という古書店を訪ねたところから始まります。単身赴任という身軽さと、全く縁のないまちに暮らし始めたことで、休日はもっぱら市内外の新刊書店と古書店めぐりに費やしました。これが新しい塩尻市立図書館の私の中での資料収集方針の基礎となりました。それは見慣れた東京の大型書店の棚と松本市内外の書店の棚との違いでした。「東京に比べて本が届いていないのだ」と。

騒がしい新刊書店に比べ、静謐な空間が古書店の定番。慶林堂に初めて入店したとき、他店に比べ郷土資料の充実ぶりが印象に残りました。着任したばかりの私は、塩尻や松本に関する知識は皆無。勤務する塩尻の図書館では、時間があれば常に地域資料の棚に並ぶ本を手にしていました。

郷土関係の知識は、私がどう背伸びをしても、地元出身者の多いスタッフの誰一人にも追いつけません。この遅れを埋めるには、精読はせずとも（そんな時間はありませんでした）、ひたすら、この棚にある本の書名や大まかな内容は覚えなければならなかったのです。そうした日頃の行いが奏功して、この古書店の棚で、塩尻の図書館では見たことのない本を数冊見つけ、店主に話しかけました。

古書店には珍しい饒舌な店主で、私の素性にも関心を持たれ、話題が尽きなかったのが印象に残る初対面でした。早速、翌日に数名のスタッフにこの古書店のことを伝え、古書店の棚を確認するよう指示しました。そして、図書館の未所蔵本があれば一覧化し、必要なものは購入を検討するよう言いました。

当時の塩尻市は古書店から地域資料を購入するという経験がなかったのか、スタッフは戸惑っている様子でしたが、時には店主に図書館に来てもらい、不足している資料の点検や、地域資料の情報を依頼したりもしました。図書館の地域資料収集のパートナーになってもらったのです。地域資料の目利きとしてこんな心強いパートナーはいません。その結果、地元出身のスタッフも知らない資料情報をたくさん提供してくれました。塩尻の地域資料収集に関して、店主との出会いは、私のみならずスタッフにとっても大きな動機づけとなったのは言うまでもありません。

この出会いから、風変わりな館長が茨城県からやってきた、と店主が伝えたのが河出書房新社時代から旧知の長田洋一さんだったのです。

本書によると、長田さんは、２０１０年の秋に、塩尻市民交流センターで行った筑摩書房創業70周年記念イベントで塩尻を初めて訪ねたとのこと。

このイベントは、通常は市内の郊外にある塩尻市立古田晁記念館（館長は図書館長である私が兼務）か、古田生誕の地である北小野地区の支所で「古田晁記念館文学サロン」として毎年行っていました。14回目を数える２０１０年が筑摩書房創業70周年に当たることから、例年にない規模のイベントとしたいと思い、市外からの参加者の交通の便を考慮し、例年の会場を変更し、市民交流センターとしました。

当日のイベント内容は３部構成。基調講演は「これから本はどうなるのか。古田晁の生涯から考える　信州が育んだ近代の文芸」をテーマに、永江朗さんにお願いしました。

次にパネルディスカッション。テーマは「信州から考える日本の出版文化」。パネラーは永江朗さん、菊池明郎さん（筑摩書房代表取締役社長（当時））、三島利徳さん（信濃毎日新聞社論説委員（当時））、辰野利彦さん（フリーライター（当時））。そして、コーディネーターは、日本近代文学に造詣の深い松本和也さん（信州大学准教授（当時））にお願いしました。私としてはこれ以上ない、塩尻らしい出演者を得たものと自負するものでした。

そして、最後はパネラーと参加者の交流を目的とした立食パーティー。市民交流センター5階のイベントホールに場所を移し、市議会議員（当時）のO氏の尽力により古田氏に縁の深い両小野振興会の協力も得られ、塩尻に蔵元を構える銘酒を参加者に楽しんでもらいました。

ここに長田さんが見えていたのです。会場では、私は図書館長という主催者の立場ゆえホストに徹しなければなりません。半日かけた大きなイベントも終わりに近づき、沢山の人と名刺交換し、労いと励ましの言葉をかけてもらい、気分は高揚していました。この時に初めて言葉を交わしたことが、本の寺子屋へと繋がっていくのです。

私がたまたま外様館長であったこと。そして古書店巡りが好きであったこと。これが本の寺子屋の源流となるのです、何よりも、今井書店の代表取締役会長の永井伸和さんが創設された「本の学校」を長田さんも私もよく知っていたことが最大の鍵だったのではないかと思います。

そして時が経ち、これほどの大河になるとは思ってもいませんでした。いまや塩尻市立図書館といえば、本の寺子屋が代名詞と言っていいくらい斯界に知られるイベントに成長しました。過日、福岡県の図書館員が私に言いました。「塩尻って、ワインと図書館のまちですよね」。感慨深い言葉でした。

2016年5月15日、私は塩尻市市民交流センターにいました。信州しおじり本の寺子屋研究会が編んだ『「本の寺子屋」が地方を創る』（東洋出版）の出版を記念した当会幹事の高橋龍介さん（冒頭に述べたT氏）の講演を聞きに来たのです。あらためて、この寺子屋という事業が本当に大きく成長したことに感動しました。

その数日後、一枚のはがきが拙宅に届きました。送り主は図書館長時代に一方ならぬお世話になった塩尻在住の方。嬉しかったのは、久しく見かけることのなかった図書館に私の姿を見つけ嬉しかった、との礼状でした。

主催者ではなく、一市民がこうして遠来の客を気遣う。本の寺子屋をここまで成長させたのはこうした塩尻を愛する市民であることを、あらためて教えられました。

クリス・ウェルチ、ジェフ・ニコルズ／著　藤掛正隆　うつみようこ／訳
『真像　ジョン・ボーナム　永遠に轟くレッドツェッペリンの〝鼓動〟』
（リットーミュージック　２０１０年）

ロックでもジャズでもライブを観に行くと必ず、その帰り道に必ず考えること、それはドラムをまたやりたいなってことです。そんなとき、書斎のこの本を抱きしめたくなるのです。そして「夢想家ドラマー」の思い出を語りたくなるのです。

ヘビーリスナーの方ならご存知かと思いますが、私はラジオで「ドラム」「ドラマー」という単語を頻繁に使います。最近は自虐的に「ヘボドラマー」をよく使います。中学でドラムに出会い、この美しい佇まいの楽器への憧憬からロックにはまった典型的な田舎者でした。

中学時代の定期購読誌の一冊が『ミュージックライフ』。洋楽中心のポップスミュージック誌です。毎号グラビアを飾る英米のロックバンドのライブステージの奥の方に見えるドラムセットの写真が何よりも楽しみでした。どんなセッティングなのか、シェルのサイズはなど、異常にドラムセットが愛おしかったのです。現在に比べたら大人しいものですが、当時、タムタムが五つも六つも並ぶ多点キットは楽器というより、要塞のように映ったものでした。

授業中、先生の板書はそっちのけで、ひたすらノートに描くのはミル・マスカラス（覆面を被ったメキシコのプロレスラー）のオリジナルマスクとドラムセットの絵。思い返すと可哀想なくらい純情な中学生でした。

高校に進学すると、中学時代にドラムを少しかじっていたという噂（たった一度のライブ演奏経験）が耳に入ったらしく、先輩からバンドに誘われました。しかも、ドラムセットは用意する、との好条件。自分のテクニックはそっちのけで、自由に使えるドラムセットがあることは何物にも代えがたい魅力でした。当時の田舎の高校はそれくらいドラマーが品薄だったのです。

高校時代のバンド活動のエピソードは拙著『だから図書館めぐりはやめられない』をお読みいただくとして、高校時代に密かにハマっていた本当に孤独な遊びがありました。

それはノートの落書きでした。単にドラムセットを描くだけではありません。架空のバンドをつくり、そのドラマーに自分を据えるという「妄想描画」でした。

しかも、ちゃんとレコード（CDがなかった時代）もリリースし、アルバムジャケットも描きました。ヒプノシスが描いたレッド・ツェッペリンの「聖なる館」、ロジャー・ディーンが描いたイエスの「こわれもの」「危機」のような幻想的な絵に夢中になり、こちらも訳のわからないジャケット画を飽きもせず描いていました。

アルバムを出す以上、アルバムに収録する楽曲が必要です。10曲程度のタイトルをジャケットの脇に書きます。歌詞も曲もない単なる曲名だけの悪戯な遊びです。専用のノートは、私がスターになっていく煌びやかなサクセスストーリー。将来を描いた自画像は長髪にひげを蓄え、服装はロバート・プラントを模したゆるぎないロッカーの雄姿。この絵を描いている時間は、なんの生産性もない遊戯。私が通っていた高校は、当時は自宅からの通学圏域ではそれなりに知られた進学校。完全に周囲と違った夢を見ていました。

高校生の頃の私にとって、当時、外国のロックミュージシャンの映像は極めて貴重なものでした。あれから数十年後、ユーチューブで当時活躍していたミュージシャンの動画を初めて目にした時の感動は言葉にできませんでした。ダニエル・セラフィン(シカゴ)、カール・パーマー（エマーソン、レイク＆パーマー）、ドン・ブリューワー（グランド・ファンク・レイルロード）、ジンジャー・ベイカー（クリーム、ブラインド・フェイス）、イアン・ペイス（ディープ・パープル）、キース・ムーン（ザ・フー）、ニック・メイソン（ピンク・フロイド）など、憧れのドラマーのフィルインが、これほど間近に見ることができるとは夢のよう。数多いる憧れのドラマーの中でも特別な存在なのが、早世したレッド・ツェッペリンのジョン・ボーナムです。

ミュージシャンの自叙伝、ノンフィクション作家によるルポルタージュ等は枚挙に遑がありませんが、ドラマーの伝記やルポルタージュは国内では決して多く出版されていません。ドラマーの多くはバンドの人気を支える中心人物ではなく、バンドの楽曲提供者でもない場合が多いからかもしれません。ビートルズのリンゴ・スター、ザ・フーのキース・ムーンといった強烈な印象を残したドラマーはロックの世界では僅少で、なかでもレッド・ツェッペリンのジョン・ボーナムが突出していた存在であることを否定する人はいないと思います。

ステージのパフォーマンス以上に、ステージを離れてのエピソードにも事欠きません。運命のめぐり合わせと言ってよいのかわかりませんが、21歳でツェッペリンの一員となり、10年余のトップスターとしての生活が時に彼を苦しめ、ツアー中の器物破損、乱闘といった幾多の彼の蛮行・奇行はツェッペリン伝説の一つとなりました。20歳そこそこの若者が巨万の富を得て、その代わりに自由を失ったわけで、普通の精神状態で日々を送れるわけがありません。レッド・ツェッペリンの一員になっていなければ、32歳で夭折することは恐らくなかったでしょう。

ボーナムの死後、彼に代わるドラマーを探してオーディションはやったものの、結果としてレッド・ツェッペリンは頂点で姿を消しました。以後、息子のヘンリー・ボーナムが、レッド・ツェッペリンのメンバーと共演したり、バンドの楽曲を演奏したりする際、時折、生前の彼の映像が紹介され、その存在は今もって偉大です。

自分をロックバンドのドラマーに見立て、ジョン・ボーナムのようなサクセスストーリーをひたすらノートに描くという青春時代を送ったからこそ、人一倍、ドラマーという「生き方」に異常に反応してしまうのです。

彼が生きていたら、暴飲が祟り肝臓を患い、医者に酒を止められているに違いありません。やんちゃな過去の面影は影を失せ、好々爺として自慢の愛車に孫を乗せ、イギリスの片田舎の細い道を砂塵を上げて走っていることでしょう。

愛する家族に囲まれ、広大な農地を耕し、巨大な倉庫には自慢のクルマが数十台も並ぶ。

気が向いたら地元のライブハウスで、息絶え絶えにモビー・ディックを演じているかもしれません。「あれがボンゾさ」と、リビング・レジェンドを温かく、そして誇るようにライブハウスの客は見ていると思います。

塩尻の新しい図書館をオープンするにあたり、雑誌架には「ギター・マガジン」「リズム&ドラム・マガジン」を置くことにしました。両誌はリットーミュージックの逐次刊行物。「キーボード・マガジン」「ベース・マガジン」など他の楽器の専門誌も同社から発行されているのにどうしてギターとドラムだけなの、といった質問はご容赦願います。どんなジャンルの雑誌も公平にコレクションできている図書館は恐らくないでしょう。

図書館の入る複合施設「市民交流センター」には、ドラムセット等が常備された貸スタジオが2部屋つくられました。このことも、この2誌の選定の理由に挙げられなくはありませんが、正直言って、私のこだわり以外のなにものでもありません。塩尻規模の人口の市立図書館に、「リズム&ドラム・マガジン」があるのは全国的にもまずないと言っても過言ではありません。これも、ある意味、当時私が拘った「塩尻らしさ」です。

ちなみに、松本市には「モーリス」「ディバイザー」「フジケン」等、楽器製造会社がたくさんあります。これが塩尻市に立地していたならば、全楽器の専門誌を揃えたいくらいです。

塩尻時代、たまたま目にしたこんなシーンが忘れられません。

ロッカー気取りの高校生が、書架でこの雑誌を見つけたときのこと。

「これってマジ、絶対ありえねぇし」

鈴木雅昭『自動車販売戦争　激戦地・神奈川を斬る』
（神奈川新聞社　２００６年）現在品切

全国で講演した様子をラジオでリスナーに伝えるのはお決まりの一つ。なんといっても参加者との出会いが嬉しくてたまりません。参加者が目をキラキラさせて、身を乗り出すように私の噺（話）を聞いてくれた講演会がありました。図書館？いやもっぱらクルマの噺でした。

鹿嶋市と塩尻市での現役時代も含め、人前で話をさせていただく機会は150回余を数えます。図書館員は14年、フリーランスは6年ですが、現役時代に依頼された演題は、もっぱら所属する図書館の実践報告が主な内容でした。もっとも、役所の一般行政職です。何らかの分野で秀でた研究実績があるわけではないので、当然と言えば当然のこと。それでも人事管理や出版流通に関してときおりでしたが、講演を依頼されることがありました。

フリーランスになり、拙著を上梓するたび、また、全国から参加者が集まる講演会で講師を務めるたび、依頼される演題は多岐に渡ってきました。図書館全般について語ってほしいというもの以外では、「人事管理」「図書館政策」「選書」「広報」といったところが定番。実はこうしたテーマの依頼がくるのは、私が突出した専門分野を持たないことの証左でもあります。教員は専門分野があるのは当然のことですが、図書館員でも「危機管理」「著作権」など得意な分野をお持ちの方が多いのです。

さて、2016年6月に、私のクルマ趣味が高じて『クルマの図書館コレクション』（郵研社）なる図書館界に身を置く者が書くには極めて稀有な本を上梓しました。国立国会図書館も民間MARC（図書館のコンピューター読み取り可能目録法）もNDC（日本の図書館資料の分類）は537（自動車工学）。八重洲ブックセンターは地下1階の自動車コーナー、東京・代官山の蔦屋書店はクルマ・バイクコーナーにしっかり「クルマの本」として置かれていました。逆に図書館情報学の棚にはありませんでした。

感想など読者からいただく手紙は、クルマ関係の出版社で編集に携わっていた方、自動車ジャーナリスト等、これまで上梓した本では全く無縁だった世界の方からのものでした。

また、『週刊 Car & レジャー』のコラムで拙著が紹介されたり、『モデルアート』に書評が掲載されたりと、これまで経験したことのない図書館関係以外のメディアに取り上げられました。

そして、遂に思ってもいなかった講演依頼がありました。演題は「図書館で覗くクルマの世界」。これには小躍りしました。依頼者はNPO法人大きなおうち。このNPOは大磯町立図書館のカウンター業務を受託しており、NPO＝図書館というイメージなのですが、あくまで会場を大磯町立図書館としたNPOの独自事業です（大磯町教育委員会が後援）。

以前もこのNPOから講演を頼まれた経験もあり、代表のTさんも鹿嶋に遊びに来られた仲。そういった関係もあって、世にも稀なテーマでの講演となりました。

先述したように講演自体は生業のようなもので粛々とこなしてきていますが、全くの初ネタで90分喋るということは、いくら好きな世界であっても、いや、好きな世界だからこそ、いいものにしたいという気持ちになるのは当然のこと。

その準備を進める中で入手した1冊が『自動車販売戦争 激戦地・神奈川を斬る』（鈴木雅昭，神奈川新聞社　2006年）でした。ほかにも『まんが 北のくるま物語 北海道の自動車史』（石川寿彦　イベント工学研究所　1989年）や『岩手のバス いま むかし』（鈴木文彦　クラッセ　2004年）など、それまで気にも留めなかったたくさんの資料の存在に気づかされました。それは、クルマをテーマにした地域資料の存在でした。これは大きな気づきとなりました。

『クルマの図書館コレクション』の執筆にあたり、『佐渡の自動車』（佐々木烈，郷土出版社　1999年）などの作品を通じて、それなりの関心は持ってはいたものの、今回の依頼を受けて、クルマ好きで本好きの好奇心の火に油が注がれました。私にとって、生涯かけて研究すべき新たなテーマに出会うことになったのです。20年斯界に身を置きながら、そういった文献への関心は極めて希薄でした。

本を上梓するのも、講演を引き受けるのも同じです。時には印税収入など全く割に合わないくらい時間とお金を費やす場合があります。使うか（読むか）どうかわからない本や雑誌を滅多矢鱈買い込む。それらが徐々に積読山になる。目を通さなければいけない資料が段々増えても、じっくり読む時間はありません。しかし、自分としては夢中になれる新しい何かを見つけた高揚感で満たされ、まさに至福の期間なのです。

今回の講演もそうでした。ＮＰＯの企画は「Library café 講演会」。ちゃんと「図書館」が冠してあります。その講演会の準備に、シトロエンのアミ、タイプH、２ＣＶ、ＤＳの写真をはじめ、私のかつてのオーナー車だった、いすゞ１１７クーペ、アウトビアンキＡ１１２アバルト、ボルボ２４０ＧＬワゴン、スズキ・マイティボーイなどの写真をパワポ資料のために真面目に集めているわけで、こんな楽しい仕事がほかにあるでしょうか。しかも、ここから図書館の選書論を講じるといった斯界のだれも（恐らく）やったことのない講演というより噺をするのです。

そして、当日がやってきました。その日の様子は、友人で図書館司書の今井つかささんのフェイスブックの投稿を使わせていただきます。私の感想より、参加者の目に映った世界の臨場感が伝わると思います。

大磯町立図書館 Library Cafe 講演会

「図書館で覗くクルマの世界」に参加　(｡・ω・)ﾉﾞ

講師は内野安彦氏　(｀・∀・´)◇

Library Cafe なので珈琲とかわいいクッキー付き　(´∀｀人)♪

席についてすぐ思ったのは、男性参加者の多さ!!

初めて講演会に参加される方も多かったのでは？ と思いました

まずは内野さんのおはなし

今迄オーナーだった車のおはなしから

神奈川県の車に関する書籍の所蔵状況の一例などなど

クルマが好きな方からの「おお～」という声と

図書館関係者からの「おお～」という声が交互に出るのが印象的

質問のようなフリートークの時間には

しゃべりたい男性が続出!!

それから内野さんと大磯町立図書館館長さんとの対談

おふたりとも Citroën のオーナーとはすごい偶然　(｀・∀・´)◇

ふわふわの乗り心地って体験してみたいものです

クルマにはあまり詳しくありませんがとっても楽しかったです!!

もうね、もうね、3時間あっという間だった+。゜(・∀・)゜。+゜ｲｲ!!
もちろん、図書館員としての気づきもたくさんいただきました
覚えたのはネコ・パブリッシング　調べたいのは神奈川中央交通
素敵な時間をいただきありがとうございました!!

私が書くよりずっとその日の様子を活写していると思います。

講演で紹介した『自動車販売戦争　激戦地・神奈川を斬る』には、講演後の意見交換で早速飛びついてきました。神奈川県で実際に自動車ディーラーでクルマを販売してきた男性でした。

本書によると、

神奈川は、俗に「10％市場」と呼ばれる。つまり、日本全国のクルマの売り上げのおよそ1割を売る市場であるのだ。

これが何を意味するか？

ここで、クルマや消費性向などのマーケティングを行えば、全国での売り上げや消費

者ニーズのおよその予測が付けられる、というのがメーカーの見方なのである。

そう、この本は、クルマの世界で語られることが多いメーカー、デザイナー、エンジニア、経営者といったものではなく、ディーラーやその経営陣に焦点を当てた販売の現場を描いた作品。しかも、神奈川県という地域に限った、図書館的に言えば「地域資料」なのです。

図書館の講演会の参加者の中から、この本の世界をリアルに生きてきた方の発言が聞けるなんて、私の方が興奮してしまいました。

また、平塚市に本社を置く神奈川中央交通株式会社がいかに市民の足として親しまれ、重要な歴史を刻んできたかと、参加者が熱く語りだす場面もあり、地域ということに、クルマを通じて、こんなに参加者が身を乗り出して語り始めた講演会は初めてのことでした。

クルマ派はクルマについて熱く語り、図書館派は図書館の将来について熱く語る本当に貴重な時間となりました。

ちなみに、神奈川中央交通は、東日本では最大のバス事業者で、バス専業の事業者としても日本一の規模のようです。

4台続けてシトロエンのオーナーである大磯町立図書館館長の早崎薫さんと私の対談めい

たものが2部の企図のようでしたが、参加者からの熱い発言も多く、結局、シトロエンの乗り心地はどうなんだと聞かれ、二人のシトロエンのオーナーの愛車礼賛でCafé は閉じました。

先の今井つかささんの投稿にこんなコメントが寄せられました。

「図書館＋何か」で「何か」をお好きな人たちに図書館に関心を持ってもらえるかもしれませんね（逆方向もありですね）、と思いました。

まさにこれ。趣味人の多い図書館界。私もこれっていろいろ面白いことができるかもしれないと痛感しました。こんな楽しい仕事、ほかにありません。

柳澤健『1964年のジャイアント馬場』
（双葉社　2014年）

中学から高校にかけて、プロレスに熱中していました。社会人になってからも、ときどき東京の大会場に足を運んでもいました。いまでも書店で「昭和」のプロレス本を見つけると思わず買ってしまいます。平成ではなく「昭和」のプロレス、です。勝敗ではありません。レスラーの人生に思いを馳せて冷静にリングを観ていました。そんな時代のことが書かれたプロレス本を読むとやっぱり喋りたくなるのです。

プロレス本は、中学生のときから現在に至るまで買わずにいられないジャンルの一つです。といっても、今はかつてのようには買いません。あくまで古き良き昭和の時代に聴衆を沸かせたレスラーにしか興味がありません。日本ではジャイアント馬場とアントニオ猪木がＢＩ砲と称しタッグを組んでいたころが熱狂のピークでした。

俗にプロレス本は、本人が書く場合（大半はゴーストライターだとは思いますが）、プロレスライターが本人の取材を基に書く場合、プロレスライターが精緻な文献を基に書く場合、小説家やジャーナリストがプロレスを素材に書く場合などいろいろあります。特に本人が書く場合や、ライターが本人を取材して書く場合は、針小棒大は当たり前。捏造されたエピソードも少なくないと思います。そもそもプロレスは真剣勝負なのか否かといったことはどうでもいい話。国籍を偽り、年齢を偽り、身長も体重も誇張。インタビューに答えるレスラーの過去の戦績は疑わしいものが多く、タイトルマッチと銘打ちながらも、あやふやな試合結果なんてこともあるのです。だからプロレスはエンタテインメントなのであり、そこにスポーツのあるべき姿を真面目に求められると、私にとってプロレスではなくなってしまうのです。

とはいえ、エンタテインメントとは言ってもプロレスは勝負の世界。しっかりとした記録を求めるのもファンの心理です。特に武勇伝のように語られがちな異国での戦績や生活ぶりの真実がなかなか記録として著わされないのがプロレスなのです。

特に『ジャイアント台風』（原作：梶原一騎、作画：辻なおき）に描かれた渡米中のジャイアント馬場の破竹の大活躍の真実を綴った本を一日千秋の思いで私は待っていました。

『ジャイアント台風』は、ときおり本人の談話が挿入され、ドキュメンタリーとして読めなくはないのですが、かなり表現に誇張があり、大人になってから読むとどこか物足りないのです。また、本人が書いたものも含め「馬場本」はたくさん出版されていますが、満足を得られるものは少なく、一時は本気で自分で調べてみようかと思ったこともありました。

そこに出てきたのが、柳澤健の『１９６４年のジャイアント馬場』でした。タイトルもズバリ。ジャイアント馬場が全米のマットを席巻した１９６４年が冠されたもの。これほどタイトルを見て、「首を長くして待っていました」と飛びついた本はありません。

柳澤氏は、『１９７６年のアントニオ猪木』（文藝春秋）、『１９８５年のクラッシュギャルズ』（文藝春秋）、『１９９３年の女子プロレス』（双葉社）など、優れたプロレス本を書かれており、まさに待望の本でした。

帯のコピーがいかしています。

「かつてアメリカにマツイよりイチローよりも有名な日本人アスリートがいた。」

アスリートという表現がグッときます。

裏面の帯には、プロレスファンならずとも、本書を手にしたくなる魅惑的な文章が書かれています。

「1964年1月、アメリカンマットの最前線で戦う馬場に対し、グレート東郷が提示した手取り年収は27万ドル。契約期間は10年、現在の貨幣価値に直せば年収5～6億円に当たる破格の条件だった。」

「日本人メジャーリーガーなど存在しなかった50年前、馬場はたったひとりの「世界標準の男」だった――。」

プロレスファンでなくても、この本が何を読者に訴求しているかが見事に伝わる素晴らしい帯です。ちなみに、グレート東郷とは日系アメリカ人で巨万の富を築いたプロレスラー。力道山が日本プロレスのブッカー（外国人招聘担当）として全幅の信頼を寄せ、ジャイアント馬場のアメリカでのマッチメイク等を任されていた斯界の大物です。

力道山が存命のころ、ジャイアント馬場はアメリカにおいては師である力道山を凌駕するスーパースターでした。例えば1964年2月のこと。当時、三大世界タイトルと言われていたNWA（2月15日 チャンピオンはルー・テーズ、会場はシンシナティ）、WWWF（2月17日 チャンピオンはブルーノ・サンマルチノ、会場はニューヨーク）、WWA（2月28日 チャンピオンはフレッド・ブラッシー、会場はロサンジェルス）に連続して挑戦する（メインイベンターの証明）など、数々の偉業を打ち立てたことはプロレスファンには広く知られているところです。極めて短いアメリカ滞在期間で、どうしてジャイアント馬場は破格の待遇を受けるに至ったのか、どうも納得のいくものに出会えませんでした。故に、プロレス本はどこか記録が曖昧なのではないかという疑念が払拭できなかったのです。１９６４年、ジャイアント馬場は26歳。とはいえ、そんな若きレスラーが力道山亡き後の日本プロレスを牽引する立場を斯界から求められていたのです。

高校を中退し16歳で読売ジャイアンツに入団。３年連続２ケタ勝利をあげ、２軍の最優秀選手に３年連続で選ばれながら、開幕を1軍で迎えることのなかった失意の野球人生。３年目のシーズン途中で戦力外通告され、大洋ホエールズの採用内定を受けるも、左腕から肩にかけて20数針縫う大怪我をし、グローブがはめられなくなってしまいました。これでホエールズ入団は幻になってしまったのです。19歳で脳腫瘍の開頭手術を受け、22歳でプロレスラーに転身し、26歳の時には全米を席巻するアスリートになっていたジャイアント馬場。まるでジェットコースターのような7年です。

既成品のスパイクがないからと、一度は野球をあきらめた学生時代。その類まれな体躯がプロ野球の世界ですら偏見の目で見られていたジャイアント馬場。しかし、プロレスラーになると、その類い稀な肉体は、卑下することのないビッグマネーを生むものに変わったのです。

５８７頁もある分厚い本書ですが、この本は一気に読みました。ジャイアント馬場について知りたかった全てがここにありました。渡米中の貴重な写真も豊富に掲載されていて、本当にこの本が生まれてきてくれて良かったと思っています。

ここで、私が図書館員・図書館人の矜持として大切にしている言葉を紹介します。図書館情報大学の学長を務められた吉田政幸氏が、図書館情報大学開学20周年に記念出版された図書館情報大学講演録『知の銀河系』（１９９８年）の巻頭言「「知の銀河系」刊行にあたって」に書かれた一文です。

古今より人は書を通して知識を得てきた。15世紀半ばの印刷術の発明並びに19世紀から本格化した公教育の普及とによって、誰もが時間と空間を超えて書を読むことができるようになった。その中で読書を糧に新たな知識を創造し、それを書として世に出す者も増えてきた。知りたいと思う欲求と知らせたいと思うそれの絶え間ない繰り返しが、知の銀河系ともいえるような膨大な量の書を生み出した。

福井優子『観覧車物語　１１０年の歴史をめぐる』

（平凡社　２００５年）現在品切

素晴らしい本に出会うと、その感動を誰かに伝えたくなりますよね。この本はそんな一冊です。特に著者の経歴と、研究対象である「観覧車」の関係を知ると、これはますます人に言わないでいられなくなります。私にとって「観覧車」云々ではなく、一つのことを研究していくことの面白さ・素晴らしさを、この本は教えてくれました。

２００1年に葛西臨海公園に出来た日本最大の大観覧車「ダイヤと花の大観覧車」。鹿嶋と東京の往復路、東関東自動車道路から眺めるその雄姿は壮観の一言。特に夜間に見る極彩色の照明で飾られた姿は、観覧車マニアならずとも、見るだけではなく一度は乗ってみたいと思うのではないでしょうか。

さて、という私ですが、記憶を幼少期まで辿っても、観覧車なるものに乗った覚えはありません。茨城県内の身近な場所になかったこと、我が家に家族旅行という習慣がなかったことが「乗りたかった頃」の乗れなかった理由です。自分が3人の子どもの親になっても乗ったことがないのは、そういう娯楽施設がそもそも「好きではない」ことが理由に挙げられます。大人に至る途中に青春時代なる甘ったるい時期が私にもありました。若いカップルにとって、観覧車はデートの定番のお約束かもしれませんが、この時代は私にとって黒歴史そのもの。デートとは無縁の日々でした。

子煩悩かどうかは自分でもわかりませんが、3人の子どもを保育所に預けていたころは、数人の保育士さんから「理想のお父さん」とも言われていたらしく、子煩悩の父親に映ったのではないかと思います。でも、ディズニーランドに家族で出かけても、家族と行動したのは、子どもが手のかかる小さな頃まで、小学生になった頃には、駐車場で降ろして「お父さんは近くの図書館に行っているから」がお決まりのパターンでした。

ことわっておきますが、私は高所恐怖症でも閉所恐怖症でもありません。単にジェットコースターや観覧車という「乗り物」が好きではないということです。

そんな私がたまたま寄った公共図書館の除籍本の棚で見つけたのが『観覧者物語110年の歴史をめぐる』でした。菊判で343頁。巻頭に昔の観覧車のイラスト画があり、本文には写真が満載。カバーのイラストは東京勧業博覧会の観覧車をモデルに作製された「観覧車回転双六」の一部が使われたレトロな装丁。ちなみにNDCは「689」(観光事業)。そして、私にとってこの種の本の必要最低条件である参考文献、索引もしっかり収録されています。「こんな本、本当にもらっちゃっていいの」と後ろめたい気持ちが多少はありましたが、この種の本の宿命である「利用されなかった感」がありありの美品。ならば私が大事に読んで大切に持っていてあげるからね、とゲット。恐らく利用頻度が芳しくなく(元図書館員の私にすれば、どうでもいいことだと思うのですが)除籍となったのでしょう。

めでたく手にしたこの本には本当に感動しました。まさしく大当たりでした。こういうのって最近めったになく、しかも図書館の除籍本。やや複雑な思いもなくはありませんでした。

著者はさぞかし幼少の頃から観覧車好きだったのかと思いきや、「子供の頃、観覧車に乗った記憶がない。両親は私を遊園地に連れて行ってくれたのだろうか」と。

著者の観覧車との蜜月は1994年にアメリカで一人の元大学教授との出会いに始まります。なぁんだ、著者は大学の研究者?と思いきや、そうではなく、ノースカロライナ州立大学の夏期英語講座を受講するため５週間の短期留学していた学生でした。学生とはいっても勤務先の休暇を取って留学した40代の最年長学生でもありました。

この留学先の大学の書店でたまたま手にした本『Ferris Wheels – An Illustrated History（図版で見る観覧車の歴史）』が著者の人生を変えることになりました。この本を手にしたきっかけも、渡米前に観覧車好きの会社の先輩から観覧車グッズを買ってくるよう頼まれていたからとのこと。そこに偶然が重なります。なんと手にした本の著者であるノーマン・アンダーソン氏は留学中の大学の教授だったのです。しかも、毎日授業を受けている部屋の階下がノーマン氏の研究室でした。

早速、ノーマン氏と連絡をとり、数日後に訪問の約束を取りつけました。目的は購入した本に著者のサインをもらい、会社の先輩に恩を売ろうとの下心もあった、と。そして、面会後、ノーマン氏が毎月発送している「フェリスホイール・ニュースレター」を東京に送ってもらえることになり、数年後に観覧車の歴史の研究を著者が始めるに至るのです。

あとは、著者の研究の成果を本書で確認していただくのが一番。観覧車に関心のない私でも一気に読める傑作です。

ちなみに、アメリカで「フェリスホイール」と表現されるのは、１８９３年に行われたコロンビア博覧会で初めてお披露目された大観覧車をつくったのがジョージ・フェリスだったことに由来します。とはいえ、一般的には、「大観覧車」を意味して、英語では「グレートホイール」、フランス語では「ラ・グラン・ルー」、ドイツでは「リーゼンラート」と言われるそうですが、ロシアでは何と「悪魔の車輪」との意味で「チョルトボ・コレソ」と言われるそうです。こんな蘊蓄が満載の本で、私のような観覧車に乗ったことすらない人間でも、好奇心旺盛な人なら間違いなくハマります。

そして何といっても、私の気持ちを揺さぶったのは、著者が観覧車に関心を覚え始めたのは1995年で、その10年後の2005年には本書を上梓しているということ。英語が堪能だったことが外国の資料探索に優位に働いたにせよ、研究者ではない人が約350頁もの大著を書かれたことに畏敬の念を禁じ得ません。私も拙い本を書いているだけに、この作品の上梓に至る労苦はわからなくありません。また、観覧車というマイナーな研究対象の本を2800円（税別）で出版された平凡社もすばらしいと思いました。

私が駄文を書いている図書館情報学の分野も、本の初刷部数から見ると極めてマイナーな市場です。本の装丁、価格、著者から、著書のおおよそ初刷部数は推測できます。

そもそも、この本をまちの書店の棚で見つけることは不可能でしょう。では、こうした専門書（日本図書コードでは「一般書」であるが）をどうやって読者に届けるか、それは図書館の大切な仕事でもあると思います。
本著を読み終え、図書館人として、あらためて研究の大切さを考えさせられました。

坂崎重盛『ぼくのおかしなおかしなステッキ生活』（求龍堂　2014年）

還暦を過ぎて、なにかと大胆になってきている自分がいます。口をしっかりチャックし耐え忍んだ公務員人生を終え、いまは言動もかなり解放された感があります。実際、このラジオ番組で語っていることは、現役時代ならご法度のことも少なくありません。残るところわずかな健康寿命。少しは洒落てみたいと思う今日この頃です。

それまでステッキというものを全く意識したことはありませんでした。でも、書評を新聞で読んで直ぐに本書を購入しました。類書が少ないという本にことのほか敏感なのです。その主題はなんでも構いません。こんなマイナーな「モノ・コト」を一冊の本に編まれた（書かれた）著者への敬意を払わずにいられないのです。

図書館員を14年もやっていると、自分が勤務する図書館の蔵書に類書が有るか無いか、テーマの希少性などはたいがいわかります。現職時代、私はそういう本を見つけると図書館の蔵書にしたくてたまりませんでした。とはいえ、個人の嗜好で選書するわけにはいかず、ならば自分で買おうといったパターンになります。どおりで我が書斎は変な本ばかり。

何が楽しいかといえば、元々関心がないことだけに頁をめくれば知らないことばかり（至極当然）。昔、フジテレビ系列で2002年から10年間放送されていた、雑学を紹介する番組「トリビアの泉」でいうところの「へぇ」の連発。やっぱり、本っていいよなぁ、と独りごちるのです。

さて、この本ですが、ステッキの蒐集が高じた著者が文化論としてまとめた秀作。かつて、日本男子はおしゃれとしてステッキを携帯していました。それがいまやステッキは介護用。もちろん、介護用であって悪いものではありません。趣味人、洒落者なら、小粋なステッキ生活なんてものはいかがでしょうかと読者にグイグイ迫ってくるのです。

私は趣味人や洒落者を自負する者ではありませんが、以前、京都を歩いていたとき、お洒落なステッキ屋を偶然見かけ、気になっていたところに、この本がタイムリーに現れたのです。

本書に「ステッキ10得」なるものが書かれています。
①ステッキを手にすると姿勢がよくなる
②ステッキを手にすれば、それ以上余計な物を持とうと思わなくなる
③ステッキを持てば男らしく見える
④ステッキは危険を察知するセンサーである
⑤群集の中で、ステッキは人を導くサインの役を果たす
⑥ステッキは贈答品として特別な意味を持つ
⑦ステッキはそれを持つ人の分身の役を果たす
⑧ステッキを持つと周りの人が親切にしてくれる
⑨ステッキは持つ人の手の延長であり忠実な部下である
⑩ステッキは無言のよき伴侶であり、心身の癒しをもたらせてくれる

いかがでしょうか。持ってみなければわからないこともあるし、言われてみればそうかもしれない、と納得できなくもないです。

ちょっとわかりにくいものもあるので、ちょっと解説すると、

⑤群集の中ではぐれた時に、高く掲げれば目印となる

⑦内田裕也氏のように、ステッキそのものがキャラクターともなる

⑨森鴎外は電車の吊り輪にステッキの取っ手の部分をかけ、ぶら下がったとのこと

⑩子どものころに棒切れを手にした、あの感覚

特に①の姿勢が良くなるというのは確か。これは散歩人として頷けます。ステッキは単なるお洒落グッズとしか思っていなかったのですが、実利もあるのですね。

さて、本書の圧巻はステッキが出てくる文学の考察。井伏鱒二、田山花袋、夏目漱石、森鴎外、永井龍男など、紙上で文学散歩が楽しめます。そうか、あの作品に出てくるのか、と懐かしい作品をあらためて読むきっかけにもなります。こういう誘い方をしてくる本って私は大好きなのです。

本書でステッキ・コレクターとして紹介されるのが徳富蘇峰。余談ですが、実は私の祖父

と親交があったらしく、こんなすごい人とどうして、と思わなくもないのですが、本書にこんなくだりがありました。

「ステッキそのものや、ステッキに関する文章やイラストレーションを集めだすと、著書を読んでいて（あ、この人は多分、「ステッキ系」の人、〝ステキスト〟だな）という雰囲気がなんとなく、わかってくる。

まずは、日々、不急を楽しむ文人肌の人。あるいは自分自身を「無用の人」と思っている人。しかも散歩や街歩きが好きな人。内外の風俗や社会現象あるいは深層心理に強い関心を抱いている人――こんなところだろうか。」

う〜ん、なんかわかります。私は祖父の記憶は全くありませんが、叔母の言では、生涯、万年青《おもと》を趣味とした自遊人だったようです。ちなみに、「鹿島錦」は昭和10年代に鹿島二面より作出したものとのこと。相当なお金を万年青に注いだらしく、斯界ではちょっとは知られた存在だったとか。まさしくステッキが似合いそうな気がします。

さて、私の大好きな「ザ・バンド」の話に変わります。「ザ・バンド」とは1967年から1976年までアメリカで活動したロックバンドです。ここではバンドの詳細は控えますが、数あるロックバンドの中で、ビートルズ、レッド・ツェッペリンと並び、被写体として最も絵になる5人だと私は思っています。

２０１５年に出版されたElliott landyの写真集『The Band Photographs 1968-1969』(Backbeat Books)〔洋書〕は私の宝物の一冊。この写真集に収められた25歳から31歳の若者の青春の軌跡と書くと、いかにも破天荒な若者たちの写真集と思われる方も多いことと思います(ザ・バンドを知らない人なら)。ところが違うのです。まるで老人ホームから出てきたような5人。シルクハットはお決まりのアイテム。25歳のロビー・ロバートソンはステッキ(おそらくそう見える)を手にしているのです。これがなんとも恰好いい。はい、正真正銘のロッカーです。若者があえて格好つけているようにも見えません。「体調が優れないのですか?」と思わず声をかけたくなるほど「絵」になっているのです。

さて、どうです? ステッキ、気になりませんか。

ステッキ持って街に出るか、ステッキ文学探しに図書館に行くか。いずれにしても楽しい散歩になりそうです。

おわりに

2017(平成29)年2月、『ラジオと地域と図書館と』(ほおずき書籍)を愛知県田原市図書館の大林正智さんと一緒に編みました。氏は本当に頼れる相方でした。

本書は、関西圏の番組出演者が中心となってできあがった図書館関係者の新たなコミュニティ「かじゃ委員会」のメンバーを中心に、なにかと縁のある図書館関係者数人に、ラジオをキーワードに自由闊達に書いてもらいました。もちろん、全て私の番組の出演者です。

何が奏功したかはわかりません。類書がないのはわかっていましたが、奥付で言うと、初版初刷日から1週間で2刷となる好調なスタートを切りました。そして、本書を読まれた出版社から単著の執筆依頼があったとの報告が数人の執筆者からありました。嬉しい知らせです。

また、本が出て2ヵ月半経った頃、東京キー局の文化放送から、本書を読み番組に関心を持たれたということで、エフエムかしまのスタジオの番組収録を取材に来られました。

この日の収録は、5月24日の「タケ小山のニュースマスターズTOKYO」でオンエア。この日の取材を知った「かじゃ委員会」が、直前だったにもかかわらず「三度の飯より〝ノリ〟が好き！」を謳う仲間だけに、茨城県内はもとより、兵庫、大阪、愛知、神奈川、埼玉から大挙してスタジオにやってきたのは言うまでもありません（笑）。しっかりと文化放送の電波にも軌跡を残しました。

この本が出る２０１７年10月には、私のラジオ番組は6年目に入ります。ラジオのネタとして極めてマイナーとしか思えない「図書館」が、地方のコミュニティエフエムの長寿番組となりつつあることに我ながら驚いています。

この番組の最大の特徴は、石川靖子さんが書かれたように「ながら聴きのできない番組」かもしれません。頑張っている図書館人を、リスナーとして応援するには、しっかり耳を傾けて聴かなくてはという同胞としての思いやりを感じます。そう言えば、私の番組はいつも正座して聴いています、というリスナーを一人だけ知っています。

「図書館を一人でも多くの方に知ってもらいたい、そして使ってもらいたい」という図書館人共通の声を届ける仕事は、図書館人としての私のライフワークであります。全国でみても、「図書館」「図書館学」「図書館情報学」といったサインがついた書店を探すのは困難です。仮にそのサインのついた棚の前に立っても、それなりにこの分野の本を読んでいる読者であれば、在庫数の少なさに嘆かれるでしょう。それくらい読者に届かないのが図書館の世界なのです。さらに、やっと見つけた本でも、頁をめくると知らない言葉ばかり。もっと易しい本、別な角度から興味をそそるような本、要は「図書館＝総記」という唯一の入り口ではなく、本の分類は読者（図書館）が決めるみたいな作品を私は意識して書いてきました。図書館への入り口を一つに絞りたくないのです。

これまで出した本は、015（図書館奉仕、図書館活動）以外に、914.6（エッセイ）、537（自動車工学）、699（放送事業）など総記以外の分類で所蔵されているようです。

さて、本書はどういった分類が付され、図書館の定位置となるのでしょうか。「図書館」となるのか「ラジオ」となるのか、はたまた「エッセイ」なのか。日本図書コードとは違った各図書館の分類が楽しみです。

なによりラジオに出演いただいた図書館員・図書館人の素敵な言霊が読者に届くことを願っています。図書館って面白そう、と一人でも多くの方に思っていただき、図書館に来ていただく、それが本書の狙いです。

おわりに、書籍化に当たり、ご自身の発言の文字化を快諾していただいた50人のゲスト、寄稿いただいた3人のヘビーリスナー及び素敵なイラストを描いてくれた三浦なつみさんに感謝いたします。

また、私の拙い文章を「役得です」と、いつものことながら楽しんで推敲してくれた大林正智さんに感謝いたします。

そして、なにより、いつも私の思いつきに真摯に耳を傾けていただき、こうして素敵な一冊の本にまとめていただいた郵研社の登坂社長に衷心より感謝いたします。

内野　安彦

内野安彦（うちの　やすひこ）

1956 年 茨城県に生まれる。1979 年鹿島町役場（現鹿嶋市役所）入所。2007 年 3 月退職。同年 4 月に塩尻市役所に入所。図書館長として新館開館準備を指揮。2010 年 7 月に新館開館。2012 年 3 月退職。現在、常磐大学、同志社大学等で非常勤講師を務める。筑波大学大学院図書館情報メディア研究科博士後期課程中退。

著書に、『だから図書館めぐりはやめられない』『塩尻の新図書館を創った人たち』『図書館はラビリンス』『図書館長論の試み』『図書館制度・経営論』『ちょっとマニアックな図書館コレクション談義』『図書館はまちのたからもの』『ラジオと地域と図書館と』『クルマの図書館コレクション』等。

図書館からのメッセージ@ Dr.ルイスの〝本〟のひととき

2017年10月28日　初版第1刷発行

著　者　内野　安彦　
発行者　登坂　和雄
発行所　株式会社　郵研社
〒106-0041　東京都港区麻布台3-4-11
電話（03）3584-0878　FAX（03）3584-0797
ホームページ http://www.yukensha.co.jp
印　刷　モリモト印刷株式会社

ISBN978-4-907126-11-7　C0095
2017 Printed in Japan

●●●●● 好評既刊 ●●●●●

クルマの図書館コレクション

～カールチュア世界への誘い～

■図書館員にも読んでほしい！
クルマ好きにも読んでほしい！
■好きなものは何ですか、と問われたら、「図書館めぐりとクルマです」と即座に答える。

内野安彦著

定価：本体1500円＋税

絵本はパレット

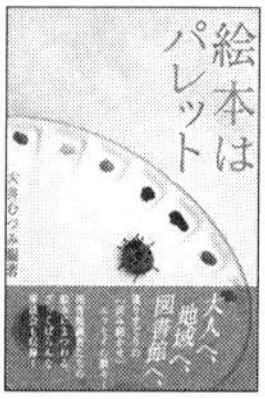

定価：本体1500円＋税

大井むつみ編著

子どもと本とをより良く結びつける――大人へ、地域へ、図書館へ！ 選りすぐりの「読み聞かせ」エッセイの数々！

図書館長の本棚

定価：本体1500円＋税

若園義彦著

著者の真骨頂は、「群れない」姿勢と、「ブレない」発言にある。「ザ・館長」と人は呼ぶ。

大島真理の「司書」シリーズ

☆図書館司書を目指している人、仕事を深めたい人に！
☆図書館司書には、魔女的能力が潜んでいる！

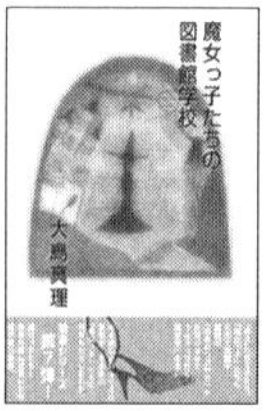

魔女っ子たちの図書館学校　定価：本体1400円＋税
司書はゆるりと魔女になる　定価：本体1400円＋税
司書はひそかに魔女になる　定価：本体1300円＋税
司書はふたたび魔女になる　定価：本体1300円＋税
司書はなにゆえ魔女になる　定価：本体1300円＋税

YUKENSHA 郵研社の本

※書店にない場合は、小社に直接お問い合わせください